선생님과 떠나는
하루 답사

삼국 시대부터 조선 시대까지

선생님과 떠나는 하루 답사 ❶ 삼국 시대부터 조선 시대까지

1판 1쇄 펴낸날 2024년 3월 15일 **1판 2쇄 펴낸날** 2024년 6월 6일

글 정명섭·김자영·소향·이지현·조용근·강민들레·이상걸
편집인 김성은 **편집** 김성은, 박예슬 **디자인** 구민재page9
마케팅 강유은, 박유진 **제작·관리** 정수진 **인쇄·제본** (주)성신미디어
펴낸이 정종호 **펴낸곳** (주)청어람미디어 **임프린트** 나무의말
등록 1998년 12월 8일 제22-1469호 **주소** 03908 서울시 마포구 양화로 56, 1521호
전화 02-6407-0405(편집부), 02-3143-4006(마케팅부)
팩스 02-3143-4003 **이메일** wordoftree@naver.com
블로그 blog.naver.com/wordoftree **인스타그램** www.instagram.com/words.of.trees

ISBN 979-11-5871-242-6 74910 | 979-11-5871-241-9 74910 set

잘못된 책은 구입하신 서점에서 바꾸어 드립니다. | 값은 뒤표지에 있습니다. | 나무의말은 (주)청어람미디어의 임프린트입니다.

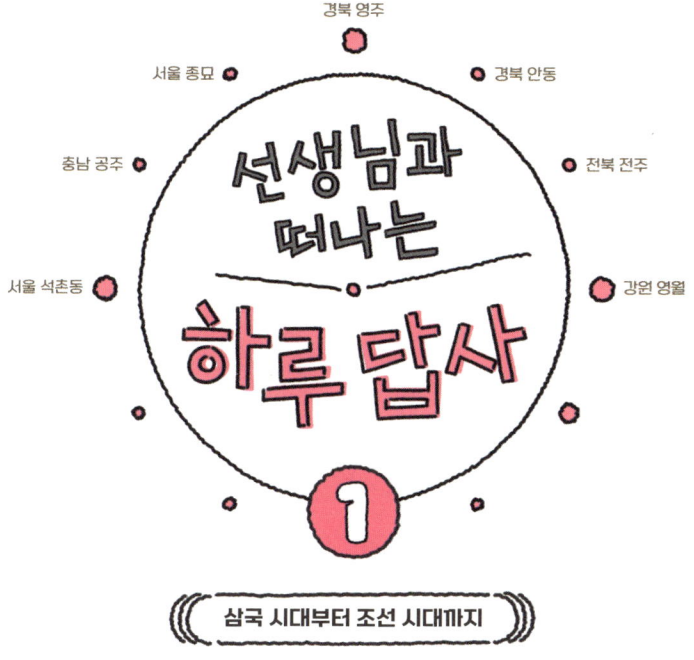

선생님과 떠나는 하루 답사 ❶

삼국 시대부터 조선 시대까지

글 정명섭·김자영·소향·이지현·조용근·강민들레·이상걸

나무의말

머리말

저는 좋아하는 사람들과 여행하는 것을 인생의 가장 큰 행복 중 하나라고 생각합니다. 이 책을 쓰면서 그런 행복을 많이 느꼈는데요. 일 년이 넘는 시간 동안 이 책을 함께 쓴 선생님들과 제가 전국 팔도 구석구석을 돌아다녔습니다. 처음에는 제가, 그리고 나중에는 선생님들이 자신이 사는 고장을 소개해 주는 시간을 가졌어요. 참여하는 이들이 대부분 교사들이라 지역의 역사적인 장소들을 제자들에게 소개해 주고 싶어 했어요. 내 고장의 역사와 문화를 잘 이해하면 다른 고장의 역사와 문화도 이해하기가 수월해질 테니까요. 이 책을 읽는 여러분들도 좋아하는 사람들과 시간이 날 때마다 우리 나라 곳곳을 찾아가 보기를 바랍니다.

저는 답사 과정에서 각자 자신이 사는 고장에 대해서 너무나 잘 알고 있다는 점, 그것을 잘 전달하기 위해 열정적으로 준비하는 필자들의 모습을 보고 여러 번 놀랐어요. 책을 쓴 경험이 많지 않아 처음엔 조금 걱정했거든요. 하지만 다들 시간을 쪼개 준비했고, 현장에서 만나 의견을 나누며 서로가 서로에게 배워 나갔습니다. 아울러, 다른 고장을 돌아보면서 역사적 지식과 견문을 넓혔고, 여러 지역의 이야기들이 한데 모여 하나의 큰 줄기를 이루었습니다. 전문적인 작가가 아니니 자로 잰 것 같은 정확함과 세밀함은 떨어질지 모르지만 무량수전의 배흘림기둥처럼, 안동의 어느 고택에서 본 굽어진 대들보처럼, 부족하지만 진심 어린 이야기들이 담겨 있습니다. 마치 선생님이 옆에서 들려주듯 이 책을 읽을 제자들을 위해 가능한 상세하게 정보를 실었고, 교과서에 나오는 사건들도 함께 설명하고 있습니다. 1권은 삼국 시대부터 조선 시대까지, 2권은 조선 시대부터 일제 강점기까지의 이야기를 담았습니다.

   쓰는 사람의 진심이 담겨 있어야만 이야기는 빛을 발하는 법입니다. 그 빛이 부족하지 않도록 참여한 선생님들과 저, 그리고 책을 낸 출판사 모두 힘을 모았습니다. 부디, 우리의 노력과 열정이 재미있게 읽혔으면 좋겠습니다.

2024년 봄
필자들을 대표해 정명섭 씀

추천의 말

2022년 봄, 정명섭 작가와 함께 교사들을 대상으로 한 역사 문화 답사가 시작되었습니다. 첫날 오후 덕수궁 앞에는 20명 가량의 교사가 모였습니다. 정명섭 작가의 안내로 덕수궁, 서울시립미술관(전 서울가정법원), 중명전, 구 러시아공사관 터, 배재학당, 돈의문박물관 마을까지 돌아보는데 그동안 보이지 않았던 것이 눈에 들어오기 시작했습니다. 그날 이후, 이 답사를 계속 이어가자는 의견들이 모여 전국 답사로 확대되었습니다. 거기에 더해 우리끼리만 나누기 아까우니 단행본을 집필하는 계획도 세웠습니다. 나무의말 김성은 대표와 page9 구민재 실장의 수고가 더해져 선생님과 떠나는 답사에 탄력이 붙었습니다. 이 책을 쓴 선생님들은 제가 개인적으로 잘 알고 있고, 늘 응원하는 분들입니다. 답사를 이끌어 준 정명섭 작가는 한국에서 보기 드물게 역사 추리 소설, SF소설, 동화, 그림책, 정보책 등 다양한 장르를 넘나드는 작가이기도 합니다. 저는《미스 손탁》(서해

문집) 등에 나온 주석, 연구 노트를 보면서 이 작가와 꼭 답사를 진행하고 싶다고 생각했습니다.

사람은 저마다의 관점으로 세상을 바라봅니다. 교사는 주로 '이걸 어떻게 가르치면 좋을까?'라는 생각을 하며 사건을 바라봅니다. 이 책을 함께 쓴 선생님들은 덕수궁을, 정동을, 이순신 장군의 마지막 전투였던 노량해전의 현장을, 원주 근대 문화 거리를, 공산성을 바라보며 테마 학습 여행이나 현장 체험 학습을 이렇게 다녀오면 좋겠다고 생각하고 그때 읽으면 참 좋을 정보를 담고 있습니다.

이 책은 교사만이 아닌 어떤 독자도 재미있게 읽을 수 있을 거예요. 책을 들고 책 속 현장을 찾으면 좋겠습니다.

답사는 삶을 가꾸는 나들이입니다. 내 곁에 가까이 있는 역사 문화 유산부터 찾아 느끼고, 역사적 지식을 재구성해 보면 어떨까요? 이 책이 당신의 역사 나들이에 좋은 벗이 될 거라 믿습니다. 우리는 공간적으로 떨어져 있지만 정서적으로 연결되어 있습니다. 그래서 우리는 다르지만 또한 같습니다. 당신의 답사가 더 풍요로워지길 기원하며, 이 책을 자신 있게 추천합니다.

최고봉

초등 교사, 교사 책읽기 모임 '북수다' 대표

차례

1권 삼국 시대부터 조선 시대까지

서울 석촌동 … 10
백제의 첫 번째 수도로 떠나는 하루 답사

글 정명섭

충남 공주 … 34
백제의 두 번째 수도로 떠나는 하루 답사

글 김자영

서울 종묘 … 62
조선 왕조의 가장 중요한 건축물로 떠나는 하루 답사

글 소향

4 경북 영주 … 92
한국 정신문화의 뿌리를 찾아 떠나는 하루 답사
글 이지현

5 경북 안동 … 130
전통문화와 독립운동가를 찾아 떠나는 하루 답사
글 조용근

6 전북 전주 … 162
호남의 중심지이자 책의 도시로 떠나는 하루 답사
글 강순옥

7 강원 영월 … 190
단종과 김삿갓의 도시로 떠나는 하루 답사
글 이상걸

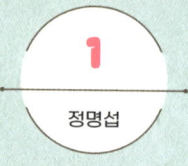

정명섭

서울 석촌동

백제의 첫 번째 수도로 떠나는
하루 답사

서울 석촌동 하루 답사 경로

지하철 9호선 석촌고분역 ▶ 석촌동 고분군(3호분→4호분→2호분)
▶ 한성백제박물관 ▶ 몽촌토성 ▶ 올림픽공원 평화의 문

검소하지만 누추하지 않고 화려하지만 사치스럽지 않은 나라, 백제

서울은 1394년에 조선의 도성으로 정해졌습니다. 이후, 대한제국을 거쳐서 일제 강점기와 대한민국에 이르기까지 계속 수도의 지위를 잃지 않았는데요. 물론, 일제 강점기 때는 경성이라는 이름으로 경기도의 한 도시로 지위가 내려갔지만 그 위상은 조금도 낮아지지 않았답니다. 오히려 식민지 조선의 주요 거점 도시 역할을 하면서 인구와 영역이 늘어났죠. 하지만 조선과 대한민국 말고도 서울에 수도를 정한 나라가 있다는 걸 알고 있나요? 바로 삼국 중 하나였던 '백제'입니다. 백제의 수도는 공주나 부여가 아니냐고요? 아닙니다. 백제는 한때 서울에 중심지를 두고 있었어요. 기원전 18년에 세워진 백제는 서기 660년에 멸망했는데 건국부터 서기 475년까지 서울에 도성이 있었으니 거의 500년 동안 서울에 터를 잡고 지낸 셈이에요.

백제의 시작은 고구려를 세운 주몽의 부인 소서노의 고민에서부

석촌동 전경

터 시작됩니다. 소서노가 남편을 도와 고구려를 세운 지 얼마 안 되어서 부여에 있던 주몽의 친아들인 유리가 찾아왔던 겁니다. 소서노에게는 먼저 결혼한 남편과의 사이에서 낳은 비류와 온조라는 두 아들이 있었는데요. 주몽이 친아들 유리를 눈에 띄게 챙겨 주자 배신감과 위기감을 느낀 소서노는 아들 둘을 데리고 고구려를 떠나 남쪽으로 내려옵니다. 만약 유리가 왕위를 물려받을 경우 배다른 형제인 비류와 온조의 목숨이 위험할지도 모른다는 두려움도 떠나는 이유가 되었습니다. 고구려를 벗어난 소서노 일행은 남쪽으로 내려가 적당한 곳을 찾아서 새로운 나라를 세웁니다. 큰아들인 비류는 지금의 인천 지역인 미추홀에 자리를 잡았고, 작은아들인 온조는 지금의 서울인 한강 유역에 나라를 세웁니다. 우여곡절 끝에 온조가 세운 백제가 살아남게 되어 위례성을 도성으로 삼으면서 고대 국가로 자리매김하죠. 정확하게는 기원전 18년부터 서기 475년까지 493년 간이었어요. 부여와 사비가 백제의 도성이었던 기간은 187년에 불과하니 백제의 중심지는 지금의 서울이라고 할 수 있겠지요? 하지만 서울에서 백제의 흔적을 찾는 건 쉽지 않아요. 백제가 멸망한 지 너무 오래되어 남아 있던 흔적들이 세월이 지나면서 사라졌기 때문입니다.

　그래도 백제의 흔적이 완전히 사라진 것은 아닙니다. 다행인지 불행인지 조선의 도성은 한강을 기준으로 위쪽에 자리 잡았고, 백제는 아래쪽에 있었기 때문에 백제의 도성이나 무덤의 흔적이 약간이나마 남아 있게 됩니다. 오늘은 지하철을 이용해서 그런 백제의 흔적을 찾아 나설 예정입니다. 백제는 비록 660년에 나당동맹˚을 맺은 연합군에게 사비성이 함락당하면서 멸망했지만 뛰어난 예술품을 비롯한 여러 흔적을 남겨 놨습니다. 그래서 삼국사기를 쓴 김부식은 백제를 가리켜 '검이불루 화이불치(儉而不陋 華而不侈)'라고 했는데요. 검소하지만 누추하지 않고 화려하지만 사치스럽지 않다는 뜻입니다. 선을 잘 지켰다는 뜻인데 살다 보면 정말 지키기 쉽지 않다는 것을 느낄 수 있답니다. 백제는 그렇게 살아온 국가입니다. 비록 오래전에 멸망해서 사라졌지만 그런 정신을 이어간다는 마음으로 백제를 찾아 떠나 보아요.

지하철 9호선을 타고 백제를 만나러 가요

일단 서울에서 백제를 만나려면 지하철 9호선을 타고 석촌고분역

신라가 고구려와 백제에 대항하기 위하여 648년에 당나라와 맺은 군사동맹을 말해요. 나당동맹군은 백제와 고구려를 차례로 멸망시켰으나, 영토의 처리 문제를 두고 갈등했어요. 신라와 당 사이에 전쟁이 벌어졌고, 결국 신라가 당을 몰아낸 뒤에 삼국통일을 이루었습니다.

까지 가야 합니다. 도착해서 2번이나 3번 출구로 나간 뒤에 길을 따라 쭉 걸어가도록 해요. 5분쯤 걸으면 곳곳에 나무가 자리 잡은 자그마한 공원 같은 게 나옵니다. 여기가 서울에 남은 백제의 흔적 중 하나인 '석촌동 고분군'입니다. 고분군은 오래된 무덤이 모인 장소라는 뜻입니다. 석촌은 돌이 많은 동네라는 뜻인데 석촌동의 옛이름은 돌마리였대요. 지금은 사람이 죽으면 화장을 하지만 예전에는 땅에 묻는 매장을 했습니다. 만약 묻힌 사람이 왕이나 귀족, 혹은 그에 버금가는 세력을 가진 이였다면 무덤은 더욱 크고 화려해집니다. 그리고 무덤 안에 껴묻거리라고 부르는 부장품들도 잔뜩 집어넣는데요. 그것은 살아생전에 누렸던 부유함을 죽은 이후에도 누리기를 바라는 마음에서 비롯되었다고 해요. 심지어는 살아 있는 사람을 같이 무덤에 묻는 순장을 하기도 했답니다. 저승에서도 무덤 주인을 모실 사람을 같이 묻는 방식이었던 거죠.

석촌동 고분군에 있는 무덤들도 대부분 엄청나게 큽니다. 묻힌 사람들의 신분을 어렵지 않게 추측할 수 있겠지요? 안타깝게도 도굴과 개발로 인해 무덤이 심하게 훼손되어서 묻힌 사람이 누구인지는 알 수 없다고 하네요. 하지만 무덤의 크기나 몽촌토성과의 거리가 가깝다는 걸 생각하면 왕가의 공동묘지인 거 같다는 생각이 드네요.

지금은 공원처럼 조성된 고분군에 들어서면 왼쪽에 아주 큰 무덤을 볼 수 있을 겁니다. 돌이 차곡차곡 3단으로 쌓여 있는데요. 교과서에서 적석총, 돌무지무덤이라 부르는 바로 그 무덤입니다. 돌을 차곡차곡 쌓아서 만든 무덤으로 고구려의 대표적인 무덤 형태예요. 심지어 무덤에 기다란 돌을 기대 놓는 방식도 똑같아요. 흙으로 봉분을 쌓는 무덤만 보다가 돌로 된 무덤을 보면 조금 낯설기도 합니다. 무덤을 만드는 방식이 지금과 옛날은 여러모로 달랐다는 점을 보여 줍니다. 고분군 안에 있는 무덤 주변은 전부 잔디밭이 조성되어 있어 들어가지 못하게 합니다. 그래서인지 까치를 비롯한 새들의 천국이 되어 버렸어요. 주변으로 산책로가 잘 조성되어 있고, 중간중간 벤치도 있어서 돌아보다가 지친 다리를 쉴 수 있어요.

공원이 된 무덤을 함께 돌아봐요

고구려와 백제가 같은 무덤 양식을 사용하는 점은 두 나라가 하나의 뿌리였다는 것을 증명한다고 할 수 있어요. 나라는 다르지만 같은 생활 방식을 가지고 있었기 때문에 무덤을 만드는 방식이 똑같았던 겁니다. 3호분이라고 부르는 오른쪽의 커다란 무덤은 가로와 세로 넓이가 무려 50미터에 달합니다. 지금은 낮아졌지만 원래는 2미터가 넘는 높이를 자랑했죠. 대체 누가 묻혀 있는데 이렇게 큰 무덤을 지었을까요? 아마도 백제의 임금으로 추정되는데 이런 압도적인 크기를 자랑하는 걸 보면 분명 대단한 업적을 남긴 것이 분명하다고 학계에서는 추정합니다. 그래서 드라마로도 방영되었던 근초고왕이 아닐까 추측하지만 안타깝게도 이를 뒷받침할 만한 증거는 없습니다. 참, 3호분 사진을 찍다가 우연찮게 우리나라 최고층 빌딩인 롯데월드타워가 함께 찍혔습니다. 과거와 현재가 한 프레임 안에 찍힌 셈인데요. 역사가 멀리 있는 게 아니라 우리 곁에 존재한다는 걸 새삼 깨달았답니다.

  무덤이 워낙 많이 훼손되어서 누구 무덤인지 알 수 있는 것이 별로 없습니다. 지금은 보존하기 위해 도로를 지하로 뚫을 정도로 노력하고 있지만 예전에는 그렇지 못했어요. 1980년대까지 무덤 위에 집을 짓고 살았다고 하니 말이에요. 예전 자료를 보면 무덤이 대략 300개 가까이 있었다고 하네요. 하지만 시간이 지나고 강남이 개발되면서 하나둘씩 사라져서 지금은 손에 꼽을 정도

석촌동 고분군 3호분

만 남게 되었어요. 그나마 1980년대에 발굴, 조사하면서 보존할 수 있게 된 겁니다. 자! 3호분을 한 바퀴 돌아봤으면 다른 무덤들도 살펴봐야겠죠? 바로 앞에는 3호분보다는 작지만 나름 큰 4호분이 있습니다. 가로와 세로가 17미터가 넘는 규모를 자랑하지만 두 배 이상 큰 3호분 바로 옆에 있어서 상대적으로 초라해 보이기도 해요. 여기도 3호분처럼 돌을 차곡차곡 쌓아서 만든 무덤입니다. 3호분과의 다른 점은 내부를 흙으로 채워서 만들었다는 겁니다. 흙으로 먼저 무덤을 만든 다음 겉에 돌을 쌓은 것이죠. 무덤 전체를 돌로 만드는 고구려와는 확연히 다른 방식이라서 '백제식 돌무지무덤'이라고도 부른답니다. 4호분을 돌아보면 그 옆에 2호분이 기다리고 있어요. 4호분과 비슷한 크기를 자랑하는 2호분 역시 안쪽에는 흙을 채워 넣은 형태라고 하네요.

다른 점도 있는데요. 4호분은 먼저 흙으로 무덤을 만들고 나중에 바깥에 돌을 두른 방식이었다면 2호분은 처음부터 흙으로 내부를

석촌동 고분군 4호분과 2호분

채우고 외부에 돌을 쌓는 방식으로 지은 것이라고 하네요.

　그 옆으로 1호분이 있지만 제대로 된 형태는 아닙니다. 안타깝게도 주민들이 농사를 짓기 위해서 무덤을 훼손했기 때문입니다. 문화재를 보호해야 한다는 의식은 비교적 최근에 생겨서 이전에는 여러 수난을 당하는 일도 많았습니다. 중원고구려비˚ 역시 동네에서 빨래판 역할을 하다가 발견되었으니까요. 석촌동 고분군에는 그 밖에 여러 형태의 다른 무덤들이 있어요. 그냥 땅을 파고 묻은 움무덤이나 돌로 관을 만들어서 묻은 석실무덤도 있습니다. 제일 끝에 있는 5호분은 돌로 쌓은 다른 무덤들과는 달리 흙으로 쌓은 형태입니다. 하지만 흙으로 먼저 한 번 쌓고 그 위에 돌로 덮은 다음에 다시 흙을 덮었습니다. 왜 이렇게 번거롭게 만들었을까요? 정확한 이유는 알 수 없지만 전문가들은 돌로 무덤을 만드는 고구려의 방식과 흙으로 무덤을 만드는 원래 이 지역의 방식이 뒤섞인 것이 아닐까 추측하고 있어요. 발굴 조사가 진행중이니까 새로운 유물이 나와 주기를 기대하는 수밖에는 없을 것 같아요.

충청북도 충주시에서 발견된 고구려의 석비로 5세기 무렵 고구려의 남진과 신라와의 관계를 알려 주는 역사적 유물이에요. 1981년 3월 18일 국보로 지정되었습니다.

그 밖에도 다른 형태의 무덤들도 있어요. 그냥 땅을 파고 시신을 묻은 형태의 움무덤과 돌로 만든 관을 이용한 석실무덤도 있는데요. 그 밖에 번호가 붙어 있지 않고 그냥 내방외원형 돌무지무덤이라고 부르는 무덤도 하나 있습니다. 그런데 심하게 훼손되어서 정확한 발굴과 조사가 어렵다고 하네요. 그리고 아직 발굴이 되지 않은 무덤들도 있는데 철책으로 가려져 있어서 가까이 갈 수 없답니다. 대신, 철책에는 석촌동 고분군에서 어떤 유물이 발견되었는지에 대한 설명과 백제에 대한 간단한 정보들이 적힌 안내판이 붙어 있어요. 하나씩 읽으면서 돌아보면 시간이 금방 흘러갈 겁니다. 어떤 유물이 나올지 기대하면서 석촌동 고분군을 돌아보는 발걸음을 마무리했습니다. 아주 큰 편은 아니지만 백제를 상징하는 다양한 크기와 형태의 무덤이 있고, 무덤을 만드는 방식이 고구려와 유사하다는 점이 눈에 띄었어요. 그건 백제가 고구려와 깊은 연관성을 가지고 있다는 사실을 보여 줍니다. 아울러 서울의 높은 빌딩 숲과 조선을 상징하는 궁궐과 종묘에 가려져 있긴 하지만 백제 역시 지금의 서울에 오랫동안 뿌리를 내린 채 지내 왔다는 사실을 알려 주고 있어요. 왕과 귀족들의 무덤이 시간이 흘러 사람들이 오가는 공원이 되었다는 건 역사가 어떻게 변해 왔는지를 보여 주죠. 산책로가 잘 조성되어 있어서 인근 주민들이 나와서 더위를 쫓곤 합니다. 제가 돌아볼 때에도 마실을 나온 마을 어르신들이 있어서 예전에 이곳이 어땠는지 들려주었어요. 무덤 위에 집이 있었다는 이야기를 발굴 보고서에서는 봤지만 긴가민가했는데 할머니께서 그 집을 직접 봤다고 해서 비로소 믿게 되었답니다.

기묘하게 지어진 한성백제박물관을 만나 보아요

석촌동 고분군을 모두 돌아보고 다음 목적지로 가기 위해 백제고분로를 걸었습니다. 돌마리라는 지명을 딴 상호들이 종종 보이곤 하는데요. 석촌동 주민센터에 있는 도서관 이름도 돌마리 도서관입니다. 석촌동 고분군을 파괴하지 않기 위해 지하로 뚫은 석촌 지하차도를 따라 걷다 보니까 9호선과 8호선이 함께 지나가는 석촌역에 닿았어요. 기운이 좀 남고, 날씨가 괜찮다면 그대로 쭉 걸어도 되고, 아니

한성백제박물관

면 9호선을 타고 한성백제역에서 내리면 됩니다. 너무 직관적인 이름이라 고민하거나 헷갈릴 일이 없겠지요? 한성백제역 2번 출구로 나와서 왼쪽으로 걸으면 다음 목적지인 한성백제박물관이 모습을 드러냅니다. 아! 정말 특이하게 만들어져서 역시 한번 보면 절대로 잊지 못할 모습인데요. 살짝 옆으로 휘어졌으면서 뱀처럼 또아리를 튼 모습이거든요. 그리고 겉에는 벽돌이 아니라 석촌동 고분군의 무덤에서 쓴 것 같은 돌을 차곡차곡 쌓아 놨어요.

정말 재미나게 만들어 놔서 저절로 발걸음을 옮기게 만드는 매력을 풍기고 있죠. 2012년에 지어진 한성백제박물관은 이름 그대로 한

풍납토성 축성 과정

성 백제 시절의 모습들을 중점적으로 전시하는 공간이랍니다. 안으로 들어가면 가장 먼저 풍납토성을 만들 당시의 모습을 볼 수 있어요. 아래쪽에는 백성들이 흙을 쌓고 다지는 모습을 묘사한 마네킹이 있고, 성벽 위에는 그걸 내려다보는 무사 모양의 마네킹이 서 있는 형태죠. 토성이라고 해서 그냥 흙을 쌓는 건 아니랍니다. 흙을 나무로 만든 틀에 넣어서 쌓은 다음에 발과 도구를 이용해서 단단하게 다져야 하는데요. 그런 과정을 엄청 많이 거쳐야만 비로소 토성 하나가 완성된답니다.

몽촌토성과 강 건너 풍납토성은 모두 백제가 이곳에 있던 시절에 사용하던 성입니다. 대체로 평상시에는 풍납토성을 쓰고, 전쟁시에는 몽촌토성을 쓰는데요. 아무래도 주적인 고구려가 북쪽에 있어서 그랬던 것 같습니다. 몽촌토성 주변은 높은 곳이 없어서 감시하기가 쉬운 데다가 목책과 해자* 같은 시설에 의해 방어되었기 때문에 공격하는 입장에서는 쉽지 않은 목표였을 거예요. 그래서 오랫동안 제 역할을 했던 것으로 보입니다.

---

*목책은 말뚝 따위를 잇따라 박아서 만든 울타리이고, 해자는 성 주위에 방어를 위해 판 못을 말해요.

풍납토성을 만들 당시의 모습을 보여 주는 거대한 구조물 왼쪽 통로로 들어가면 본격적으로 박물관을 돌아볼 수 있어요. 박물관을 잘 돌아볼 수 있는 힌트를 알려 드릴게요. 일단, 안내 데스크에 있는 팸플릿들은 꼭 챙기세요. 집에 돌아와서 기억을 되새겨 줄 수 있거든요. 관람 방향은 바닥에 있는 화살표를 따라가면 돼요. 그리고 사진을 많이 찍어 두세요. 대부분의 박물관들은 플래시를 끈 상태에서의 사진 촬영을 허락해 주는데 한성백제박물관도 마찬가지입니다. 그리고 박물관 홈페이지에 들어가면 각종 기획 전시 정보와 자료들을 볼 수 있는데요. 못 가 본 전시의 도록을 살펴보면 역사를 이해하는 데 큰 도움이 됩니다.

한성백제박물관의 입구는 1층이 아니라 지하 1층입니다. 그러니까 처음에는 지하로 들어가는 셈이죠. 지하 1층에는 기획 전시실과 제1전시실이 있어요. 기획 전시는 박물관에서 기획한 전시가 열리는 곳인데 흥미로운 전시라면 둘러보고 아니면 곧장 제1전시실로 가도록 해요. 백제와 서울의 초창기를 다루고 있는데, 원시 시대에 어떻게 살았는지 묘사한 미니어처들이 재미납니다. 다 보았으면 1층으로 가요. 제2전시실은 백제가 한성에서 어떻게 지냈는지 보여 줍니다. 해상 왕국 백제를 상징하는 커다란 배도 있고요. 가락바퀴 같은 살아가는 데 필요했던 물품들도 볼 수 있어요. 무엇보다 좋았던 건 풍납토성과 몽촌토성의 축소 모형이었는데요. 지금은 흔적이 대부분 사라진 두 토성들이 어떤 형태로 만들어졌는지를 한눈에 볼 수 있어서 좋았어요. 갑옷과 투구를 비롯해서 각종 유물들이 전시되어 있는데요. 전쟁에 관심이 많은 저는 자연스럽게 갑옷과 투구에 눈길이 갔답니다.

백제 사람들은 무엇을 먹고 살았을까요

몽촌토성의 남문 쪽에서 발견된 뼈 갑옷인데요. 글자 그대로 동물의 뼈를 작은 조각으로 다듬어서 가죽끈으로 엮은 갑옷입니다. 갑옷이라고 하면 쇠나 가죽으로만 만들었을 거라는 생각을 한방에 바꿔 주었어요. 다음으로 눈길을 끈 것은 당시 사람들이 무얼 먹고, 어떻게 요리했는지를 보여 주는 모형이었어요. 지금 밥상과 비슷하면서도 다른 백제의 밥상을 보면서 이상하게 군침이 돌았답니다.

백제의 뼈 갑옷

백제 사람들이 뭘 어떻게 만들어서 먹었냐고요? 일단 조리는 민속촌 한옥에서 흔히 볼 수 있는 부뚜막을 이용했는데요. 쇠로 만든 가마솥 대신에 흙으로 만든 토기와 시루를 이용해 쌀과 잡곡을 쪄서 먹었던 거 같아요. 시루는 바닥에 구멍이 송송 뚫려 있고, 양쪽에 손잡이가 달려 있었어요. 구멍은 아래쪽의 토기에 담은 물이 끓어서 증기가 올라올 수 있도록 한 거 같고, 손잡이는 움직일 때 편하게 하려는 용도 같아요. 어떤 걸 먹었는지도 밥상 모형을 통해서 잘 알 수 있는데요. 백제가 자리 잡은 남쪽 지역은 날씨가 따뜻하고 평야가 많아서 농사가 잘되는 곳이었어요. 거기다 강과 바다에서 물고기를 비롯한 해산물도 많이 얻을 수 있어서 신라나 고구려에 비해 풍족한 밥상이었다고 전해지고 있어요. 밥상 모형에서 가장 눈에 띈 것은 커다란 물고기와 나물을 비롯한 각종 채소였는데요. 화장실 유적을 조사한 결과 백제 사람들은 물고기를 굽거나 삶는 것보다 산 채로, 그러니까 회를 주로 먹은 것 같다고 하네요. 거기에 각종 채소도 푸짐하게 있어서 저도 모르게 군침이 나왔답니다. 그릇 모양이 다르고, 김치가 없다는 걸 제외하면 지금 밥상에 올려도 어색하지 않을 정도였으니까요. 항아리에 생선과 소금을 같이 넣어서 젓갈처럼 만들어서 먹었다고 하고, 복숭아와 밤 껍질 같은 것들이 발견된 걸 보면 식사를 하고 후식도 먹었던 거 같아요. 토기로 만들어진 다양한 그릇들도 함께 전시되어 있는데요. 그걸 보면서 백제의 한 가족이 오순도순 밥상에 둘러앉아서 식사하는 모습을 떠올려 보면 좋겠습니다.

백제의 부엌

당시에 뭘 먹었는지 같은 소소한 일상생활뿐만 아니라 한강을 둘러싼 삼국 시대의 험난한 다툼들을 볼 수 있는 전시물들도 많았어요. 앞서 본 뼈 갑옷과는 다르게 쇠로 만든 갑옷도 있었는데 작은 쇳조각들을 이어 붙인 게 아니라 아예 쇠를 판으로 만들어서 입는 방식이었어요. 게다가 잔뜩 녹이 슬긴 했지만 칼이나 창, 화살촉 같이 무시무시한 무기들도 보입니다. 공주의 무령왕릉에서 발견된 진묘수나 금동대향로 같은 것들도 있어서 백제 사람들의 삶과 꿈을 전반적으로 볼 수 있었어요.

참, 극장이 있는데 이곳에서는 백제와 관련된 애니메이션을 상영합니다. 시간대가 맞으면 꼭 챙겨 보세요. 1층이 전시 공간의 마지막입니다만 그냥 돌아가면 안 됩니다. 엘리베이터나 계단을 이용해 2

층으로 올라가면 하늘정원이라고 부르는 공간이 나와요. 이곳은 몽촌토성의 흔적과 그 자리에 세워진 올림픽공원의 모습을 한눈에 볼 수 있어요. 그러니까 전시물들을 다 돌아보고 이곳에 꼭 올라와서 기념 사진을 찍어 보세요. 시간대를 맞춰 가면 저무는 석양을 배경으로 멋지게 한 컷 찍을 수 있답니다.

꿈마을 몽촌토성을 돌아바요

한성백제박물관의 하늘정원까지 돌아보았다면 건물로 내려가는 길 말고 그냥 걸어서 내려가는 걸 추천해요. 경사진 언덕을 걸어가는 특별한 경험을 할 수 있어요. 지상으로 내려오면 박물관을 등지고 오른쪽으로 걸어가야 합니다. 옆에 있는 미술관의 야외 전시물들이 여러분을 반길 겁니다. 그리고 조금 더 걸어가면 초록색 잔디가 깔린 언덕이 보여요. 잔디와 나무가 자라고 있어서 그냥 언덕이라고 생각할지도 모르는데요. 사실은 몽촌토성의 성벽입니다.

앞서 석촌동이 돌이 많은 마을이라는 뜻이고, 돌마리라는 지명이 남아 있다고 했잖아요. 몽촌토성의 몽촌이란 이름은 이곳에 있던 꿈마을에서 가져왔다고 하네요. 꿈마을을 한자로 옮기면 몽촌이 되거든요. 몽촌토성은 풍납토성과 함께 백제가 서울에 있던 시절에 만들어졌습니다. 흙으로 성을 쌓은 뒤에 나무를 엮어서 만든 목책과 물이 흐르는 인공 하천인 해자까지 만들어서 방어력을 높였는데요. 토성 자체도 낮은 높이가 아니라서 얼마나 심혈을 기울여 이곳을 지키려고 했는지를 잘 보여 줍니다. 토성으로 올라가는 계단을 따라가면 산책로가 보일 겁니다. 해가 저물 때라면 오른쪽 말고 왼쪽으로 가세요. 호수를 비롯해서 멋진 풍경들을 볼 수 있을 거예요. 대나무를 비롯해 여러 나무들이 자리 잡고 있어서 도심 한복판이라는 생각이 전혀 들지 않습니다. 게다가 중간중간 땀을 식힐 수 있는 벤치도 있

몽촌토성 성벽

몽촌토성 산책로

어요. 인근 주민들이 개를 끌고 산책하거나 운동하는 모습을 볼 수 있는데요. 야트막한 초록 언덕들은 컴퓨터 바탕화면에서 많이 본 장면 같기도 하답니다.

   한 바퀴를 빙 돌 수도 있지만 저는 중간에 몽촌호로 내려가는 코스를 추천합니다. 이곳에 토끼가 사는 걸 알고 있나요? 저도 진짜 토끼를 만날 줄은 몰랐어요. 제가 본 건 하얀색 토끼였는데요. 자판기 근처에서 풀을 뜯어 먹다가 저와 눈이 마주치자 부리나케 자판기 아래로 숨더라고요. 잠시 후에 호기심에 못 이겼는지 다시 나와서 이리저리 둘러보더라고요. 석촌동 고분군에서 봤던 까치를 비롯한 새들은 물론이고, 고양이들도 어슬렁거리거나 누워서 낮잠을 자는 걸 볼 수 있었어요. 한마디로 사람과 동물 모두 편안한 꿈을 꾸면서 거닐 수 있는 곳이죠. 그래서 꿈마을이라는 지명을 가졌던 걸까요? 내리막길을 다 내려오면 호수를 가로지르는 다리와 만나게 됩니다. 몽촌호 혹은 몽촌 해자라고 부르는 곳으로 넘어가는 다리인데요. 예전에 지은 성들은 방어력을 높이기 위해 성벽 주변에 땅을 파서 물을 끌어들였어요. 이걸 해자라고 부르는데 몽촌토성도 평지에 지어졌기 때문에 해자를 만든 것으로 보여요. 신라의 도성인 경주의 월성 역시 주변에 해자를 파서 적군의 공격을 막았죠.

  몽촌토성의 성벽 위에 있는 산책로를 걸을 때부터 눈에 띄는 조형물이 있는데요. 두꺼운 두 개의 기둥 양쪽에 날개 같은 걸 달아 놓은 형태라서 엄청난 존재감을 뿜어 냅니다.

  몽촌토성은 전시에 쓰였다고 했지요. 그래서 높은 성벽과 목책, 그리고 물을 끌어들인 해자까지 만드느라 정말 많은 사람들이 고생했을 겁니다. 그래서인지 발견된 유물 중에는 갑옷이나 무기들도 적지 않아요. 그렇게 전쟁에 대비하기 위해 만들어 놓은 몽촌토성 자리에 평화를 상징하는 세계인들의 잔치인 올림픽이 열렸다는 것은

올림픽공원 평화의 문

서울 올림픽의 흔적을 찾아라!

이 사진에 나오는 문의 이름은 무엇이고 어떤 상징을 담고 있을까요? 이곳에서 열린 서울 올림픽은 몇 년도에 열렸고, 우리나라는 몇 위를 했을까요?

1988년 서울 올림픽 때 만든 평화의 문이라는 조형물입니다. 이곳에 조성된 올림픽 공원에서 우리나라 최초의 하계 올림픽인 서울 올림픽이 열렸고, 평화의 문은 정문이자 상징물 역할을 맡았습니다. 159개국 8,397명이 참가한 서울 올림픽에서 대한민국은 금 12개, 은 10개, 동 11개 등을 따 4위의 성적을 거두었습니다.

굉장히 상징적으로 보여요. 남해안에 통영이라는 곳에 가면 세병관이라는 엄청 큰 정자가 있는데요. 통영은 임진왜란이 끝나고 삼도수군통제영이 설치되면서 만들어진 도시입니다. 세병관 역시 그때 만들어졌습니다. 군사 기지에 만들어진 정자지만 세병관의 뜻은 은하수로 병기에 묻은 피를 씻는다는 두보의 시에서 따왔습니다. 적을 이기거나 무찌르겠다는 뜻이 아니라 평화가 오기를 기원한다는 뜻이죠. 전쟁의 끝은 승리가 아니라 평화여야만 한다는 점을 우리 조상들은 오래전부터 알고 있었던 것입니다.

  답사를 하면서 가장 중요한 건 많이 보고 느끼는 것이랍니다. 그리고 그걸 통해서 우리가 앞으로 어떻게 지내야 할지, 무엇을 꿈꿔야 할지를 생각하는 것 역시 중요해요. 과거는 결국 미래로 나아가는 발판이 되니까 말이죠.

김자영

충남 공주

백제의 두 번째 수도로 떠나는
하루 답사

> **충남 공주 하루 답사 경로**
>
> 고마나루 곰사당 ▶ 공산성 ▶ 무령왕릉과 왕릉원 ▶ 국립공주박물관
> ▶ 충청감영 ▶ 대통사 ▶ 공주풀꽃문학관

이번 정류장은 백제의 두 번째 수도 웅진입니다

구석기, 신석기, 청동기 시대를 지나 철기 시대가 되면서 신라, 고구려, 백제의 삼국이 세워졌어요. 삼국은 서로 교류하고 경쟁도 하면서 발전했지요. 삼국 중 공주가 수도였던 나라는 어디일까요? 맞아요. 백제예요. 백제는 기원전 18년에 세워져서 660년 멸망할 때까지 678년 동안 지속된 나라입니다. 백제의 수도는 세 번 바뀌었어요. 그래서 백제 시기를 도성에 따라 한성 백제 시대, 웅진 백제 시대, 사비 백제 시대로 나누기도 해요.

앞 장에서 백제의 첫 번째 수도인 한성의 흔적을 살펴보았지요. 한성 백제 시대는 온조왕이 한강 유역의 위례성을 수도로 정하고 몽촌토성과 풍납토성이라는 두 개의 도성을 지었고, 500여 년 동안 지속되었어요. 그러다가 고구려의 장수왕이 백제의 위례성을 공격하고, 백제의 개로왕을 사로잡아 처형한 사건이 발생했어요.

개로왕의 뒤를 이어 왕이 된 문주왕은 475년에 웅진성(지금의 공주)으로 수도를 옮기고, 백제를 군사적으로, 경제적으로, 문화적으로 재정비했어요. 백제의 두 번째 시기 웅진 백제 시대는 64년의 짧은 역사를 가지고 있어요.

백제의 세 번째 시기 사비 백제 시대는 성왕이 금강 유역의 사비(부여)로 수도를 옮기면서 새롭게 성장하고 발전했어요. 사비 백제 시대는 123년 지속되다가 나당연합군에 의해 안타깝게 멸망하고, 신라가 삼국을 통일하면서 통일신라 시대가 시작되었어요.

백제 문주왕은 위례성이 함락되었을 당시 왜 수도를 웅진으로 옮

공주 전경

졌을까요? 무엇보다 이곳은 금강과 공산성 때문에 방어에 유리한 지형이었어요. 금강이 있으니 뱃길이 편리하고, 기후적으로도 살기 좋은 지역이었기 때문에 수도로 적합했던 거지요.

웅진에서 왕권이 안정되고, 국방력이 강해지면서 백제 25대 왕인 무령왕 때에 다시 강국으로 부흥할 수 있었어요. 무령왕은 서남쪽으로 영역을 확장하고, 국경의 방어를 튼튼히 했어요. 그리고 제방과 저수지 등을 정비해 백성의 생활을 안정시켰어요.

문화적으로 부흥했던 웅진 백제의 옛 모습은 무령왕릉과 왕릉원(송산리 고분군), 수촌리 고분군, 공산성, 대통사지, 고마나루, 정지산 유적 등 유적과 유물이 발굴되면서 그 비밀이 점차 밝혀지고 있어요. 이번 장에서는 찬란했던 웅진 백제의 문화를 품고 있는 공주 일대의 유물과 유적을 만나러 가 보아요.

공주는 곰과 관련이 깊어요

웅진(熊津)이라는 이름을 들어 보았나요? 충청남도에 위치한 공주의 옛 이름은 고마나루, 곰나루예요. 웅진은 이 말을 한자로 부른 이름이지요. 공주에서 가장 먼저 찾아가 볼 곳은 고마나루 솔밭의 곰사당이에요. 곰나루에 곰사당이라니 공주는 곰과 관련이 깊은 곳인 것 같죠?

고마나루에는 사람을 사랑한 곰에 관한 옛이야기가 전해 오고 있어요. 옛날 고마나루(곰나루) 근처 연미산에 큰 동굴이 있었는데 이곳에는 암곰 한 마리가 살았어요. 어느 날 암곰은 동굴 앞을 지나가는 사내를 보고 한눈에 반했지요. 그래서 사내를 잡아 동굴에

백제 때의 유물로 알려진 돌곰

가두고 사냥한 고기를 나눠 먹으며 살았어요. 하지만 사내는 기회만 있으면 원래 살던 마을로 도망가려고 했어요. 탈출이 쉽지 않았던 건 암곰이 사냥을 나갈 때마다 동굴 입구를 큰 바위로 막아 놓았기 때문이지요. 그렇게 2년이라는 세월이 흘러 암곰과 사내 사이에 새끼 곰이 태어났어요. 둘째 곰까지 태어난 뒤 암곰은 사내를 조금 더 믿게 되었어요. 그래서 어느 날 사냥을 나가면서 동굴 입구를 막지 않았죠. 사내는 동굴이 열려 있는 것을 보고 동굴을 탈출했어요. 때마침 암곰이 사냥을 하다가 사내가 금강 쪽으로 가는 모습을 보게 되었어요. 암곰은 서둘러 돌아와서 두 새끼곰을 데리고 사내를 따라가려고 했지만 금강을 건너지 못하고 빠져 죽고 말았어요. 이후 사람들은 사람을 사랑했던 암곰을 기려서 사내가 건너온 나루를 고마나루 또는 곰나루(熊津)라고 부르게 되었다고 해요. 아마도 우리 선조들은 곰이 사람을 좋아해서 함께 살고 싶어 한다고 생각하고 친근

히 여겼던 것으로 보여요.

유네스코 세계문화유산으로 지정된 백제역사유적지구

공주에서 유네스코 세계문화유산을 만날 수 있다는 사실을 알고 있었나요? 유네스코에서는 2015년에 공주·부여·익산 3개 지역에 속해 있는 백제역사유적지구를 세계문화유산으로 지정했어요. 백제역사유적지구는 1,500년 전 한국, 중국, 일본의 고대 동아시아 왕국들 사이의 상호 교류를 통해 백제가 이룩한 건축 기술의 발전과 불교의 확산을 보여 주는 고고학 유적이라고 해요. 백제역사유적지구에는 공주의 공산성, 무령왕릉과 왕릉원(송산리 고분군) 2곳, 부여의 관북리 유적과 부소산성, 정림사지, 능산리 고분군, 나성 4곳, 익산의 미륵사지, 왕궁리 유적 2곳 등 모두 8곳이 포함되어 있어요. 공주에서 세계문화유산을 만나다니 설레지 않나요? 이제 공산성, 무령왕릉과 왕릉원(송산리 고분군)으로 함께 가 볼게요.

백제 무령왕 동상

지형의 특징을 잘 활용한 천혜의 요새 공산성

세계문화유산 공산성은 웅진 백제 시대의 도성이에요. 공산성은 삼국 시대, 통일신라 시대, 고려 시대를 거쳐 조선 시대까지 지방 행정의 중심지였고, 역사적 가치가 높아서 사적 문화재로 지정되어 있어요. 공산성은 1,500년이 넘

는 역사를 지닌 만큼 이름도 여럿이에요. 백제 시대 웅진성, 고려 시대 공주산성 또는 공산성, 조선 시대 쌍수산성 등으로 사람들이 시대마다 다양한 이름을 지어 주었기 때문이에요. 공산성에서는 연꽃 무늬 와당을 비롯하여 백제 시대 기와와 토기 등 유물과 고려 시대,

공산성 초입의 비석들

조선 시대의 유물들이 다양하게 출토되었고, 아직까지도 유물이 발굴되고 있어요.

먼저 공산성의 구조와 규모를 살펴보고 답사를 시작할게요. 공산성은 금강변 야산의 계곡을 둘러싼 산성으로, 원래는 흙으로 쌓은 토성이었으나 조선 시대에 지금과 같은 석성으로 고쳤다고 해요. 동서로 약 800m, 남북으로 약 400m 정도의 직사각형 모양을 이루고 있어요. 동서남북 4개의 대문이 있는데, 남문 진남루, 북문 공북루가 남아 있었고 동문과 서문은 터만 있었어요. 1993년에 동문터에 영동루, 서문터에 금서루를 복원했어요. 암문, 치성, 고대, 장대,

공산성 깃발

수구문 등의 방어 시설이 남아 있고, 성 안에는 쌍수정, 영은사 등 건물들과 연지, 임류각지, 그리고 만하루지 등이 있어요.

자, 이제 공산성으로 올라가 볼까요? 공산성에 갈 때는 보통 공산성의 서문 금서루로 올라가요.

올라오는 길에 세워진 돌들은 무엇일까요? 맞아요, 비석들입니다. 그럼 이 비석들은 왜 만들었을까요? 어떤 역할을 했을까요? 지금으로 보면 뉴스를 알려 주는 신문과 같은 역할을 했던 비석들입니다. 대부분 공주에 부임해 온 관찰사나 목사들이 한 일을 칭찬하는 내용이에요. 공주는 조선 시대 때 충청도 감영이 있던 중심지였기 때문에 이런 비석이 많이 남아 있어요.

비석들 중에 제민천 영세비라는 재미있는 비석이 하나 있어요. 1817년 여름 대홍수로 제민천이 범람해서 다리가 무너지는 일이 있었습니다. 백성들이 다리를 수리하려는데 막대한 공사비가 필요했어요. 비변사에 보고하여 충청수영의 군자미*를 얻고, 자체 자금을 모았어요. 부여와 연기 지역의 공전**까지 합해 공사비를 겨우 마련했

---

* 군사 대금으로 마련된 쌀을 말해요.
** 농사를 지어서 쌀을 세금으로 내는 것을 말해요.

공산성 연지

지요. 이렇게 제민천과 다리를 복구한 이야기와 당시에 공을 세운 관리, 자금 지원에 협조한 10명의 이름을 제민천 영세비에 비문으로 새겨 감사를 표현했대요. 제민천 영세비를 보면 옛날부터 지금까지 어려운 일이 있더라도 함께 힘을 모아 해결해 가는 주민들의 지혜가 엿보이지요? 만약 지금이라면 제민천 다리를 수리한 이야기를 유튜브 영상을 통해 보면서 좋아요, 구독, 댓글 달기를 했을지도 모르겠네요.

공산성에 오르면 하늘, 금강과 함께 바람에 나부끼는 깃발을 볼 수 있어요. 깃발은 성벽의 동, 서, 남, 북에 배치되어 있는데요, 무령왕릉과 왕릉원의 6호분 벽화에 있는 동청룡, 서백호, 남주작, 북현무의 사신도를 재현해 놓은 거예요. 바람에 나부끼는 깃발을 보면 그 옛날 백제인의 기상이 느껴질 거예요.

공산성의 연못을 찾아라!

연못은 어디에 있고 이 연못의 이름은 무엇일까요? 연못은 어떤 역할을 하던 곳일까요?

공산성 안쪽으로 연못이 하나 보일 거예요. 이 연못의 이름은 연지입니다. 뒤에 왕궁이 있고 앞에 연지가 있어 물을 저장해 음식을 만들거나 생활할 때 필요한 물로 썼던 곳이에요. 다른 곳에서 물을 길어다가 저장한 저장고 시설이라고 생각하면 됩니다.

웅진 백제 시대 왕궁 공산성

그럼 금강 풍경을 보면서 왕궁터로 가 볼까요? 공산성은 웅진 백제 시대 경제, 문화, 정치의 중심지였어요. 그럼 백제 왕들은 어디서 살았을까요? 문주왕, 삼근왕, 동성왕, 무령왕, 성왕 등의 5대에 걸친 왕들은 이곳 공산성 안에 있는 왕궁에서 살았어요. 지금은 건물이 남아 있지 않지만, 왕궁터인 백제 왕궁지의 모습을 보면 공산성 안에 반듯하고 멋진 왕궁이 있었을 거라고 짐작할 수 있어요. 공산성 안에 남아 있는 백제 왕궁지는 쌍수정 앞 평탄한 곳에 있어요. 백제 왕궁지에서는 조사를 통해 여러 건물들이 세워졌던 모습을 비롯하여 연못, 나무 창고와 같은 저장 시설 등이 확인되었고, 왕궁 외에도 백성들이 거주했던 80동의 다양한 건물들과 도로, 배수로, 저수 시설 등이 있었다고 하니 백제 사람들의 삶을 상상해 보면서 둘러보면 좋을 것 같아요.

공산성과 관련된 여러 역사 이야기

공산성이 왕성이 된 이후 지금까지 약 1,500년 동안 많은 역사적인 일들이 일어났어요. 660년 백제 멸망 무렵에는 의자왕이 공산성에 잠시 머물기도 했고, 통일신라 시대 김헌창의 난(822)이 일어났다가 평정되기도 했어요. 조선 시대에는 이괄의 난(1624)으로 인조가 공산성에 피난을 와서 지냈을 때 위안을 준 두 나무에게 벼슬을 내렸다고 하여, 쌍수산성이라는 이름이 생기기도 했어요. 가장 높은 곳에 있는 전망대인 광복루도 이름이 여러 개인데요. 광복 직후인 1946년 공주를 찾은 백범 김구 선생님이 나라를 되찾은 것을 기리는 마음에서 광복루라고 이름을 바꾸어 불러 준 뒤부터 지금까지 광복루라고 부르고 있어요.

백제의 비밀을 밝혀 낸 무령왕릉과 왕릉원

공산성과 함께 백제의 숨결을 가장 잘 느낄 수 있는 곳으로 무령왕릉과 왕릉원이 있어요. 송산리 고분군이라고 불리던 이곳은 왕과 왕족의 무덤이 있는 곳으로 1~6호분, 무령왕릉, 그리고 아직 발굴되지 않은 무덤까지 많은 무덤이 모여 있어요. 지금은 송산리 고분군을 무령왕릉과 왕릉원이라 부릅니다. 이름에서 알 수 있듯 이곳에는 백제 문화의 전성기를 이끌었던 무령왕과 무령왕비가 다른 왕족들과 함께 잠들어 있어요.

백제의 비밀을 간직하고 있던 무령왕릉은 1971년 5호분과 6호분의 배수 시설 공사를 하던 중에 우연히 발견되어 1,500여 년 만에 세상에 모습을 드러냈어요. 무덤이 발견되어도 누구의 무덤인지 알 수 없는 경우가 많아요. 다행히 무령왕릉을 발굴할 때 입구 쪽에서 무덤의

무령왕릉 전경

주인을 알 수 있는 지석이 출토되어서 백제 25대왕 무령왕과 왕비의 무덤임을 알 수 있었어요. 무령왕릉은 삼국 시대 고분 중 무덤의 주인을 알 수 있는 유일한 왕릉이라는 점에서도 아주 중요한 가치를 지녀요. 이 지석에는 다음과 같이 적혀 있었다고 합니다.

"영동대장군 백제 사마왕이 62세 되는 계묘년 5월 7일 임진날에 승하하여 을사년 8월 12일 갑신날에 이르러 대묘에 예를 갖추어 안장하고 이와 같이 기록한다."

무령왕릉은 외부의 손길이 미치지 않은 완전한 상태로 발견되어 무덤 내부에 유물이 풍부하게 남아 있었어요. 유물은 모두 108종 4,600여 점에 달하며, 국보로 지정된 유물만 12종 17점이에요. 무덤의 주인이 누군지 알려 준 지석을 비롯하여 금제관식, 귀걸이, 목걸이, 팔찌, 고리장식칼, 청동거울, 석수, 도자기, 오수전, 유리구슬, 다리미 등 다양한 유물이 출토되었어요. 송산리 고분군의 무덤 대부분이 굴식돌방무덤인데 비해 무령왕릉은 벽돌무덤이에요. 이 왕릉을 지을 때 백제 사람들이 중국 양나라 무덤 양식의 영향을 받아 벽돌무덤을 지었다는 사실은 그만큼 개방적이고, 기술적인 부분에 자신감이 있었다는 의미이기도 해요.

무령왕릉의 연꽃무늬 벽돌을 한번 볼까요? 뉘어쌓기와 세워쌓기를 반복하면서 정교하게 쌓아 올린 모습이 감탄스러워요. 위치마다 서로 다른 모양의 벽돌을 사용했는데 모두 28종류나 된다고 해요. 무덤의 입구에서 방까지 길게 길을 만들고 긴 배수로까지 갖추었어요. 무덤방의 평면은 남북으로 긴 사각형이고, 천장은 터널형이에요. 터

사람이 사는 집처럼 방과 문이 있는 무덤을 말해요. 집과 다른 점이라면 사람 대신 널에 넣은 시신을 위해 만들었다는 것입니다.

널형 널길 끝에 위치한 방에 무령왕과 왕비의 관이 놓여 있었어요.

현재 무령왕릉은 훼손을 막기 위해 내부 관람이 금지되어 있어요. 하지만 모형 전시관에 5호분, 6호분과 무령왕릉의 내실을 원형 그대로 만들어 놔서 누구나 관람할 수 있어요. 1,500년 전 백제를 강국으로 만든 무령왕의 모습을 상상하면서 둘러보면 좋을 것 같아요.

국립공주박물관과 충청권역 수장고

무령왕릉에서 출토된 유품들, 무령왕과 왕비가 사용한 금, 은제 장식품을 비롯해 석수, 지석과 중국제 도자기 등 약 4,600여 점의 유물들을 만날 수 있는 곳이 국립공주박물관이에요. 돌을 깎아 만든 진묘수는 익살스럽고, 무령왕릉에 사용된 목관은 일본에서 가져온 금송을 사용해 최고의 공예 기술로 제작되었어요. 왕관, 귀걸이 등 정교한 공예품들은 1,500여 년 전의 것이라고는 믿기지 않을 만큼 세련되고 우아해요. 마치 종이 다루듯 금속을 자유자재로 다룬 백제 장인들의 기술이 감탄스럽지요. 이들 중 눈여겨보면 좋을 유물들을 살펴볼게요.

국보 제162호인 진묘수

가장 좋아할 만한 유물은 무령왕릉 통로에 놓였던 무령왕릉 석수인 진묘수예요. 무덤을 수호하기 위하여 만든 진묘수는 우리나라에서는 처음 발견된 것이어서 그 의미가 매우 큽니다. 진묘수의 입은 뭉뚝하며 입술에 붉게 칠한 흔적이 있고, 콧구멍 없는 큰 코에 눈과 귀가 있어요. 머리 위에는 나뭇가지 모양의 철제 뿔이 붙

우리나라에서 처음 발견된 진묘수

어 있고, 몸통 좌우, 앞뒤 다리에는 불꽃무늬가 조각되어 있는데 이는 날개를 나타낸 것으로 보여요. 꼬리가 조각되어 있으며 배설 구멍이 달려 있을 정도로 사실적이라고 하니 참 놀랍지요? 무덤을 지키는 석수를 상상하면 무서울 것 같은데, 진묘수의 표정과 몸짓은 귀여워요.

무령왕릉 지석

무령왕릉 지석은 백제 25대 왕인 무령왕과 왕비의 지석으로 2매예요. 이 2매의 지석은 왕과 왕비의 장례를 지낼 때 땅의 신에게 묘소로 쓸 땅을 사들인다는 문서를 작성하여 그것을 돌에 새겨 넣은 매지권으로, 1971년 무령왕릉이 발견될 때 함께 출토되었어요. 삼국 시대 능에서 발견된 유일한 매지권으로 무덤의 주인을 알 수 있게 하는 문서예요. 또한 당시 백제인들의 매장 풍습이 담겨 있어 매우 귀중한 자료로 평가됩니다.

무령왕비가 평소 착용했을 것으로 추정되는 은팔찌를 살펴볼게요. 겉면에는 두 마리 용이, 안에는 제작 과정에 관한 글귀가 새겨져 있어요. "경자년 2월에 다리(多利)가 대부인(왕비)을 위해서 이 팔찌를 만들었고, 무게가 230주이다." 경자년은 520년(무령왕 20년)이고, 다리는 제작자 이름이고, 230주는 약 165그램 정도에 해당해요. 아마도 이 팔찌는 무령왕이 왕비에게 선물하기 위해서 당대 최고의 장인인 다리에게 만들어 달라고 의뢰했던 팔찌이고, 왕비는 이 팔찌를 평소에 즐겨 착용했고, 왕비가 죽자 무덤에 껴묻거리로 넣었을 것으로 추측할 수 있어요. 백제 문화의 매력은 검소하지만 누추하지 않고, 화려하

은팔찌

충청권역 수장고

지만 사치스럽지 않다고 하는데요. 국립공주박물관의 웅진백제실을 보면 백제 문화는 소박하지만 우아하고, 금으로 된 여러 유물들에서 찬란하고 화려하지만 요란하거나 사치스럽지 않은 백제의 멋을 그대로 느낄 수 있어요.

충청권역 수장고는 꼭 들러봐야 할 곳이에요. 국립공주박물관 옆에 지하 1층, 지상 2층 규모로 전체 6개의 수장고 중 4개의 수장고를 관람할 수 있도록 전시해 놓았어요. 실제 수장고 내부를 보면 수많은 토기와 도자기, 석기 등으로 빈틈없이 채워져 있는데요. 디지털 화면을 통해 유물을 검색하고 찾아볼 수 있어요. 국가 문화 유산을 정성 들여 보관하고 있는 수장고와 유물 검색 시스템을 통하면 여러분이 있는 그곳이 바로 과거와 현재가 대화를 나누는 역사의 현장이 될 수 있답니다.

조선 시대 도청이면서 법원인 충청감영으로 가 보아요

조선 시대 8도에 파견되었던 관찰사가 어떤 일을 했는지 알고 있나요? 관찰사는 법을 만들기도 하고, 법을 집행하기도 하고, 재판을 하기도 했어요. 감영은 조선 시대 각 도의 관찰사가 행정, 군사, 조세 및 재판 등의 집무를 관장하던 관청을 말해요. 충청감영은 관찰사가 파견되어 행정과 사법 같은 집무를 수행했던 충청도의 최고 통치 기관이에요.

충청감영은 본래 충주 또는 청주 지역에 있었을 것으로 추정해요. 임진왜란 이후 서울 방어를 위한 전략적 요충지로서 공주가 재인식되면서 선조 36년인 1603년에 충주 또는 청주 지역에 있던 충청감영을 공주 공산성에 설치했어요. 이후 충청감영의 위치를 여러 차례 옮기다가 1707년경 봉황산 아래인 공주사범대학교 부설중고등학교가 있는 위치에 자리 잡았어요. 한 가지 주목할 점은 공주에 충청감영이 설치되면서 충청도관찰사(감사)가 공주목사를 겸하는 겸목제가 실시되었다는 점이에요.

충청감영은 일제 강점기였던 1932년 충남도청이 대전으로 이전하기까지 200여 년 간 충청 지역의 행정청과 법원, 군사, 교육의 역할을 모두 담당했어요. 조선 후기에는 관찰사가 집무를 보던 선화당을 비롯하여 객사, 야사, 향소청, 향사당, 군관청, 작청, 대동고 등 500여 동의 건물이 있었다고 하는데, 일제 강점기에 충남도청을 근대식 건물로 신축하면서 많은 유적들이 손실되었어요.

다행히 공주한옥마을에 충청감영을 복원해 놓은 충청감영 포정사 문루, 선화당, 동헌이 있으니 찾아보면 좋을 것 같아요. 공주의 선화당은 충청도 관찰사가 업무를 보던 행정관청이고, 동헌은 지방 관아에서 고을의 원님이나 현감, 수령들이 살았던 건물로 공주목사가 정무를 처리하던 중심 건물이었어요. 선화당과 동헌 주변에 있던 수많은 건물들이 사라져서 아쉽지만, 남아 있는 기록을 바탕으로 충청

충청감영 포정사 문루

감영의 옛 모습을 복원해 가고 있어서 다행스러워요.

2018년에는 옛 충청감영의 정문으로 사용했던 '충청감영 포정사 문루'를 공주사대부고 정문 앞에 추가로 복원했어요. 공주사대부고의 담도 한옥 담처럼 다시 지어서 고풍스러운 정취가 느껴져요. 충청감영 포정사 문루에서 출발해서 대통사지, 공주목터, 공주하숙마을로 이어지는 답사길은 옛 모습을 간직한 새 모습으로 단장해서 답사의 즐거움이 가득한 길이 되었어요.

충청감영에 있던 유적과 유물은 거의 훼손되고 없어졌어요. 다행히 1837년에 제작된 청동 금영측우기가 남아 있어요. 높이는 1자 5치, 지름 7치, 무게는 11근이라고 기록되어 있어요. 바닥면에 통인, 급창, 사령이라는 글씨로 보아 관련 직책을 가진 관리들이 강우량 측정 업무를 했음을 알 수 있지요. 현재 공주한옥마을 충청감영 터에 있는 금영측우기는 진품이 아니고, 진품은 기상청에서 보관하고 있답니다.

관찰사를 비롯하여 지방 수령의 업무에는 재판과 형벌을 집행하는 업무도 포함되었어요. 형옥(刑獄)이라고 하는데, 형벌과 감옥을 아울러 이르는 말이에요. 1872년 공주목 지방지도에는 향옥(鄕獄)이라는 감옥이 그려져 있어요. 충청감영에서의 구금과 처형에 대한 기록은 1784년부터 기록상 마지막 순교자를 낸 1889년까지 약 100여

년 동안 천주교 박해 관련 자료에 많이 기록되어 있는데요. 수감자 중 일부는 향옥에서 처형되었고, 일부는 황새바위에서 처형되었어요. 황새바위 순교지는 천주교에 대한 박해가 극심했던 18세기 100여 년간 수많은 천주교 신자들이 공개 처형된 사형터였어요. 황새바위 순교지는 역사의 슬픔과 아픔이 함께 간직된 곳이니 종교와 상관없이 들러 볼 의미가 있는 곳입니다.

대통사는 어디에 있었을까요

삼국유사에 "대통 원년 양나라의 황제를 위해 웅천주에 절을 창건하고 대통사라 이름하였다."라는 문장이 기록되어 있어요. '대통 원년'은 백제 제26대 성왕 5년인 527년, '양나라의 황제'는 중국 남조 시대의 양나라 무제(武帝), '대통'은 양나라 무제의 연호였어요. 백제 성왕은 지혜롭고 학식이 뛰어났으며 결단력이 있었어요. 왕이 되자 중국 양나라와 활발히 교류하여 불경을 들여오고, 웅진(공주)에 대통사라는 큰 절을 짓는 등 불교 문화를 발전시켰지요. 불교를 일본에 전해 준 것도 성왕 때였어요.

그런데 백제 시대 사찰 양식에 해당하는 대통사의 건물들, 즉 금당, 강당, 석탑, 중문 등 가람 배치의 흔적은 모두 사라졌어요. 공주에서는 오랫동안 대통사를 찾기 위한 노력을 해 왔지만 이에 관한 기록은 부족하고, 발굴 조사는 쉽지 않았어요. 아마도 대통교 다리 근처 제민천변과 반죽동 당간지주가 있는 곳 일대에 대통사가 있지 않았을까 하는 추측을 하고 있어요. 백제 시대 석조 한 쌍과 반죽동 당간지주, 반죽동 기와무덤에서 발견된 유물들을 통해서 대통사터를 추측하고, 발굴을 계속하고 있어요.

대통사 마당에 놓여 있었을 것으로 추정되는 석조 한 쌍이 국립공주박물관 야외 전시장에 놓여 있어요. 석조는 사찰에서 연꽃을 담아 장식했던 유물이에요. 원래 공주시 반죽동의 대통사터에 공주 반죽동 석조(보물 제149호)와 중동 석조(보물 제148호)가 함께 있었으나 중동 석조는 일제 시대 일본군이 말구유로 쓰기 위해 옮겨 가 중동초등학교에서 보관하고 있었기 때문에 중동 석조라고 부르게 되었어요.

반죽동 석조와 중동 석조는 규모만 조금 다를 뿐 양식이나 조각 수법이 같은 점을 볼 때 아마도 대통사 앞에 한 쌍으로 두기 위하여 동시에 만들어졌을 거라고 추정되어요. 석조를 받치고 있는 받침 기둥은 원기둥에 연꽃을 둘러 새긴 모습이에요. 석조는 굽이 높은 사발 모양으로 입구 가장자리에 굵은 돌기를 돌렸어요. 바깥 면에는 2줄의 작은 띠를 돌려 새기고, 띠 위에 일정하게 연꽃을 장식하였어요. 석조의 형태나 연꽃무늬는 백제의 불교 미술을 연구하는 데 귀중한 자료가 되므로 그 가치가 높아요.

기도나 법회 등 절에 행사가 있을 때 사찰의 입구에 세워 부처와 보살의 성덕을 표시하는 기를 당(幢)이라 하고, 이를 달아매는 장대를 당간(幢竿)이라 하고, 이 장대를 양옆에서 지탱하는 두 돌기둥을 당간지주라고 불러요. 대통사 옛터에 남아 있는 이 당간지주는 서로 마주보는 안쪽 면에는 아무런 조각이 없으나, 바깥쪽 면은 가장자리를 따라 굵은 띠 모양을 도드라지게 새겼어요. 기둥머리 부분은 안쪽에서 바깥쪽으로 모를 둥글게 깎았으며, 안쪽 위아래 2곳에 당간을 고정시키기 위해 네모난 구멍을 파 놓았어요. 한국 전쟁 때 폭격을 맞아 지주의 받침돌과 한쪽 기둥의 아래 부분이 많이 손상되었지만, 전체적으로 소박하고 형태가 간결해요. 당간지주는 제작 양식과 받침돌에 새겨진 안상(眼象)을 조각한 수법으로 보아 통일신라 시대에 만들어진 것으로 추정하고 있어요.

2018년 충청감영 포정사 문루 바로 앞쪽에 한옥 부지 발굴 조사에서 대통사터로 추정되는 반죽동 기와

대통사 반죽동당간지주(보물 제150호)

무덤이 새로 발견되었어요. 기와 무덤에서는 치미 조각, 부연와 조각, 기와 파편, 수막새 등 약 2만여 개의 조각들과 백제 유물들이 발견되었어요. 지금은 대통사터로 추정할 뿐이지만 중국으로부터 받아들인 불교를 발전시켜서 일본에 전해 주었던 문화 교류 선진국 백제의 이야기를 품고 있다는 점에서 역사적 의의가 깊어요.

작은 것의 소중함을 간직한 공간, 공주풀꽃문학관

공주풀꽃문학관은 가까이 있는 작은 것들의 소중함을 느낄 수 있는 장소예요. 공주사범대학교 부설중고등학교 옆 봉황산 기슭 아래 언덕에 검게 칠한 목조 건물이 보일 거예요. 일본 헌병 대장이 살았다고 전해지는 1930년대에 지어진 일본식 가옥에는 다다미방과 길고 좁은 나무 복도 등 일본식 주택의 내부 구조가 잘 남아 있어요. 나태주 시인의 작품들을 감상하기도 하고, 주변에 핀 풀꽃들을 구경할 수 있어요.

풀꽃문학관을 둘러보고 걸어가면 나오는 공주하숙마을은 제민천변 대통교 앞에 조성한 문화 골목으로, 1960~70년대 공주의 하숙 문화에 대한 추억과 향수를 느낄 수 있는 공간이에요. 체험 마당과 숙박 시설이 있어요. 감영길에 있는 예술가 및 공예가 공방들, 가가책방, 공주역사영상관, 공주제일교회(기독교박물관), 풀꽃문학관, 새

풀꽃문학관

로 발견된 대통사터와 이어져 있어요. 주변에 식당과 카페, 빵집, 산성시장 등 여러분들이 좋아하는 먹을거리가 다양하게 있으니 출출할 때는 공주의 맛을 느껴 보는 것도 잊지 마세요.

공주를 둘러보면서 어떤 생각을 했나요? 조선 시대 거중기를 발명하고, 목민심서 등의 책을 펴낸 다산 정약용은 공주에서 백제의 유적들을 돌아보면서 "삼한(고구려, 백제, 신라) 가운데 백제가 가장 강하고 문화가 발달하였다."라고 칭찬을 아끼지 않았다고 하는데 공감이 되나요? 답사를 마친 뒤에는 경험과 느낌을 친구들과 나누어 보는 것도 좋은 공부가 될 것 같습니다.

서울 종묘

조선 왕조의 가장 중요한 건축물로 떠나는
하루 답사

> **서울 종묘 하루 답사 경로**
>
> 종묘 ▶ 세운상가 ▶ 다시세운광장 유적전시실
> ▶ 세운광장과 세운옥상

지하철 타고 유네스코 세계문화유산을 보러 가요

　조선은 태조 이성계가 1392년 7월 17일 왕위에 오르며 세워졌어요. 그 후 1910년까지 약 518년간 한반도와 그 부속 도서를 지배한 긴 역사를 자랑하는 나라지요. 종묘는 태조 3년인 1394년 10월 조선 왕조가 한양으로 도읍을 옮긴 그해 12월에 착공하여 이듬해인 1395년 9월에 완공했어요. 태조가 고려의 옛 도읍지를 벗어나 가장 먼저 한 일이 바로 종묘를 건설하는 일이었답니다. 궁궐보다도 먼저 지었지요. 왜 수도를 한양으로 옮기자마자 종묘부터 건설했을까요?

　조선은 유교를 지배 이념으로 삼은 나라였어요. 그리고 종묘는 조선 왕조의 역대 왕과 왕비 그리고 죽은 뒤에 왕으로 추존된 왕과 왕비의 신주를 모신 사당입니다. 왕실 조상의 혼을 신주로 받들어 국가적인 제례를 올리며 왕권의 존엄성을 과시하고 왕조의 근간을 확립한 유교적 공간이에요. 그만큼 중요한 장소이다 보니 아주 장엄하

조선 왕조의 정통성을 상징하는 종묘

고 멋지게 지어진 것이 특징이지요. 종묘는 유교 이념을 바탕으로 건국한 조선 왕조가 궁궐과 성곽, 사직•과 더불어 국가의 기틀을 세우기 위해 가장 먼저 건설한 것이지요.

종묘는 56,000여 평의 넓은 면적에 정전••과 영녕전 그리고 부속 건물인 어숙실, 공민왕 신당, 향대청, 망묘루, 전사청, 제정, 악공청, 공신당, 칠사당으로 구성돼 있어요. 현재 가장 중요한 건물인 정전에는 19실에 49위, 영녕전에는 16실에 34위의 신주가 모셔져 있고, 정전 뜰 앞에 있는 공신당에는 공신 83위가 모셔져 있어요.

이렇게 종묘는 조선 왕조의 정통성을 상징합니다. 혹시 사극에서 신하들이 '종묘와 사직이 무너진다.'며 통탄하는 대사를 들어 본 적이 있나요? 그만큼 조선 역사에서 중요한 건축물이랍니다. 이처럼

• 사직단은 종묘와 함께 토지의 신(사, 社)과 곡식의 신(직, 稷)에게 제사를 지내는 곳이랍니다. 조선을 세운 태조가 한양에 수도를 정하고 궁궐과 종묘를 조성할 때 함께 조성되었는데, 임금이 있는 곳을 기준으로 왼쪽에 종묘, 오른쪽에 사직을 세운다는 고대 중국의 배치 원리에 따라 경복궁 서쪽에 세웠어요. 종묘와 더불어 조선 왕조의 근간이 되었던 곳으로, 나라에 큰일이 있거나 가뭄에 비를 기원하는 기우제, 풍년을 비는 기곡제 등의 제사도 이곳에서 행해졌어요.

•• 종묘는 2024년 하반기까지 정전 대실 보수 공사를 하고 있어요. 그래서 정전 건물은 가림판이 설치되어 보이지 않으니 관람에 참고 바랍니다.

중요한 건축물인 종묘는 1963년 1월 18일 사적 제125호로 지정되었고, 1995년 유네스코에 의해 해인사 장경판전, 석굴암과 함께 세계문화유산으로 지정되었어요.

종묘는 아주 넓은 면적에 많은 건물이 있고 건물마다 각각 필요성과 의미가 있답니다. 그럼 종묘에 대해 차근차근 알아가 볼까요?

전쟁에 잿더미가 되기도 했어요

태조 때 완공한 종묘는 아무래도 국가 건설 초기에 지어졌기 때문에 정비와 보완이 필요했고 그 작업은 태종 때에 이루어졌어요. 태종 때 보수와 증축을 거쳐 세종 때에 이르러 현재의 종묘 건축 제도가 정착됩니다. 그러다가 조선 왕조의 역사가 길게 이어질수록 봉안해야 할 신위가 늘어갔고, 증축의 필요성이 계속 제기되어 명종, 현종, 영조, 헌종 대에 큰 증축을 하게 되지요. 증축이란 이미 지어져 있는 건축물에 덧붙여 더 늘리어 짓는 것을 말해요.

그런데 이렇게 모양새를 갖추어 가던 종묘는 임진왜란으로 하루아침에 잿더미로 변하고 말아요. 이후 선조 41년(1608) 1월에 중건되기 시작해 같은 해 5월에 완공하게 되지요. 이때의 종묘는 대체로 전쟁 이전의 규모로 중건되어 정전은 11칸 그대로를 유지하였어요.

영녕전은 현종 8년(1667)에 다시 한 번 증개축되어요. 이어 영조 2년(1726)에는 정전의 증축이 이루어졌고 마지막 증축은 헌종 2년(1836)에 이루어졌어요. 정전이 태실 19칸과 동서의 협실 각 3칸 동서 월랑 5칸으로 총 35칸, 영녕전은 중앙에 태실 4칸 동서 협실 각 6칸에 동월랑과 서월랑 5칸씩이 덧붙어 모두 26칸의 규모가 되는데 이것이 오늘날 우리가 보는 종묘의 모습이랍니다.

일제 강점기에 끊어졌던 길이 다시 이어졌어요

서울 종로구 율곡로를 사이에 두고 갈라졌던 창경궁과 종묘가

2022년 7월에 다시 이어졌어요. 일제 강점기에 단절된 이후 90년 만의 일인데요. 창경궁과 종묘는 왜 갈라져야 했던 걸까요?

원래 종묘는 창덕궁과 후원, 창경궁과 연결된 하나의 영역으로, 합쳐서 동궐이라 불리던 복합 궁궐이었어요. 그런데 1932년 일제 강점기에 조선 총독부가 창덕궁과 종묘를 가로지르는 율곡로를 뚫으면서 갈라졌지요. 당시 이 자리에 새로 도로를 만든 것은 창경궁에서 종묘로 흐르는 북한산의 주맥을 도로로 끊으려는 의도였다는 이야기도 있어요.

율곡로를 만들면서 궁궐 담장과 임금이 비공식적으로 종묘를 방문할 때 이용했던 북신문도 사라졌어요. 서울시는 도로를 지하화하고 넓은 녹지축을 만들면서 503m 길이의 창경궁과 종묘 사이 담장 그리고 북신문도 복원했지요.

담장은 원형이 남아 있는 구간과 《동궐도》(1907), 《조선고적도》(1931) 등을 참고하였고 공사 중 발굴된 옛 종묘 담장의 석재와 기초석을 30% 이상 다시 사용했다고 해요. 북신문은 《종묘의궤》와 《승정원일기》 등 문헌에 기반해 규모와 형태가 가장 유사한 창경궁의 동문인 월근문을 참고해 복원했고요.

담장 주변으로 조성된 8,000m^2 규모의 숲에는 창경궁과 종묘에 많은 참나무류와 소나무, 귀룽나무, 국수나무, 진달래 등 한국 고유

수종 760주의 관목·화초를 심었고 복원된 궁궐 담장을 따라 산책할 수 있는 길도 새로 냈지요. 돈화문 앞에서 창경궁 내부를 거쳐 원남동 사거리까지 이어지는 '궁궐 담장길'은 계단과 턱이 없는 완만한 경사로 설계되었어요. 2011년 시작된 역사 복원 사업은 11년 만에 완료되었답니다.

궁궐 담장길을 걸으며 끊어졌다 다시 연결된 종묘 사잇길의 역사에 대해 부모님과 함께 이야기를 나눠 봐도 좋겠습니다.

종묘의 정문 창엽문, 신과 임금의 길 신향로

종묘의 정문인 창엽문은 정면 3칸 측면 2칸의 맞배지붕 건물입니다. 원래는 전면 중앙에 돌계단이 있었고 기단도 높았으나 지금은 전면 기단이 도로에 파묻혀 장대석 기단만이 드러나 있어요. 정문 안 서쪽에는 종묘를 지키던 수복방이 있었고 좌우로는 종묘 외곽을 두르는 담장이 연결되어 있어요. 이 문은 종묘의 다른 건축물과 마찬가지로 구조가 단조롭고 소박하지만, 우직한 느낌에 편안한 모습입니다.

창엽문을 들어서면 곧바로 거칠고 넓적한 박석이 높낮이가 다르게 북으로 길게 깔려 있어요. 이 길 중 가운데 높은 길은 혼령이 다니는 신로와 향축패가 오가는 향로가 합쳐진 신향로이고, 오른쪽 길

종묘의 정문 창엽문

은 임금이 사용하는 어로, 왼쪽 길은 왕세자가 사용하는 세자로입니다. 종묘에서 길은 단순한 길이 아니라 제례의 절차를 암시하고 행위를 지시하는 상징과 암시의 길입니다.

즉, 길은 제향을 위한 통로로 종묘에서는 길을 이해해야 제례를 이해하고 더 나아가 종묘를 이해할 수 있어요. 어로를 따라가면 제주인 임금의 발걸음을 따라가는 셈이 됩니다.

망묘루와 향대청 그리고 어숙실

정문에서 오른쪽 숲길로 들어오면 연못 동쪽으로 망묘루와 공민왕 신당, 향대청과 어숙실이 보입니다. 그 가운데 제일 먼저 보이는 건물이 망묘루이죠. 망묘루는 제향 때 임금이 머물면서 선왕과 종묘 사직을 생각한다는 의미가 담겨 있어요.

향대청은 종묘에서 사용하는 향축패를 보관하는 창고 건물이며 제향 전후에 헌관들이 잠시 휴식을 취하는 공간이에요. 남북으로 뜰을 사이에 두고 5칸 건물과 4칸 건물을 연결한 맞배지붕의 매우 긴 건물로, 앞면은 행랑과 대문칸으로 구성되었는데 행랑채의 바깥쪽으로는 창조차 없어 폐쇄감이 느껴지는 건물이에요. 그래서 건물의 용도가 매우 귀중한 창고 건물이었음을 알 수 있는데 지금도 항상 문이 굳게 닫혀 있어서 일반인은 출입조차 할 수 없어요.

향대청 북쪽, 즉 정전 동쪽에 담장을 두른 독립된 영역이 어숙실입니다. 제례가 시작되기 전까지 임금이 머물면서 제사를 준비하는 곳이에요. 창엽문에서부터 시작된 화강암 박석길이 이곳에서부터는 전돌로 바뀌지요. 어로와 세자로를 따라 이곳에 도착한 임금과 세자가 제례가 시작되기 전에 머무르면서 목욕재계하고 의복을 정제해 제사 준비를 하던 곳입니다. 가운데 건물은 향축을 모시는 재실이며, 동쪽은 임금이 머물던 어숙소이고, 서쪽은 목욕을 하던 욕청이에요. 태조 4년(1395)에 정전과 함께 창건되었다가 임진왜란 때 불타버린 것을 광해군 즉위년(1608)에 중건하였어요.

망묘루

향대청

조선의 건물 종묘 안에 고려 왕 공민왕의 신당이 있어요

망묘루 동쪽의 남쪽을 바라보는 단칸 맞배지붕 집이 공민왕 신당입니다. 고려 31대 임금인 공민왕을 위하여 종묘를 창건할 때 건립되었다고 해요.

문을 열면 북쪽에 감실이 있고 그 안에 공민왕과 그의 왕비 노국대장공주의 영정이 모셔져 있어요. 좌우 벽에는 장막을 드리웠는데 거기에는 공민왕이 그렸다고

공민왕 신당

서울 종묘

전하는 대렵도 풍의 달리는 말을 탄 인물도가 있지요. 몽골 옷을 입은 사람들이 사냥하고 있는 광경은 후대에 유행했던 호렵도와 분위기가 비슷해요.

조선 왕조의 신성한 종묘 안에 고려 왕의 사당을 모신 것은 어떤 배경이 숨어 있을까요? 한번 생각해 보는 것도 좋겠습니다. 지금의 건물은 임진왜란 때 불탄 뒤에 다시 지은 것이에요. 이곳에서는 1994년부터 인근 주민들로 결성된 '공민왕 추모회'에서 매년 제사를 올린다고 합니다.

제례를 준비하는 곳! 수복방, 전사청, 제정

어숙실 정문으로 들어와 제례 준비를 마친 왕과 세자가 서협문을 통해 나오면 어로와 세자로는 정전 동문 앞에 이르게 됩니다. 동문 앞의 왕과 세자는 사각형의 틀에 검은색 민무늬 전돌을 깐 시설물 위에서 대기하게 되는데 이것이 '판위'예요.

정전의 동문 북쪽 담을 끼고 있는 건물이 수복방입니다. 정전 동문 북쪽 담장에 붙어 있는 정면 4칸의 조촐한 건물로 일종의 관리소입니다. 이곳은 제례를 담당하고 종묘를 관리하는 노비와 관원들이 거처하던 공간입니다.

동문 동북쪽으로 보이는 건물은 전사청이에요. 제사 때 사용되는

전사청

제정

종묘의 우물인 제정은 어디에 있을까?

종묘의 우물은 어디에 있고 어떤 역할을 했을까요? 이 건물의 특징을 찾아 적어 보아요.

전사청 동쪽에 위치한 우물은 향제 때 사용하는 것으로 '제정'이라고 해요. 사면에 담장을 둘렀고 남쪽으로는 팔작지붕의 일각문이 있으며 서쪽 담장 밑으로 배수구가 있으나 지금은 물이 말라 사용하지 못해요. 제정의 물은 웬만한 가뭄에도 마르지 않고 물이 찬 게 특징이었다고 전해집니다.

제물, 제기 등의 기물과 제수의 진찬 준비를 하던 곳이지요. 안으로 들어가 보면 부엌과 돌절구 등이 남아 있는 것을 볼 수 있어요. 이 집은 마당을 가운데 두고 주위로 건물을 배치한 ㅁ자형 구조예요.

찬막단은 제사에 쓰일 제물을 심사하는 곳으로 '정성스럽지 않으면 아무리 제수가 훌륭해도 소용없다.'는 옛말처럼 모든 제물은 찬막단 위에서 적합한 심사를 거쳐야만 제물로 올릴 수 있었어요. 찬막단 동편의 조금 작은 단은 희생대입니다. 희생대는 살아 있는 제물을 죽이는 곳으로 제사에 올릴 고기를 준비하는 시설입니다. 제사에는 고기를 익히지 않고 날것으로 올렸어요.

종묘의 중심 건물 국보 정전, 단일 건물로는 세계에서 가장 길어요.

정전은 종묘의 중심 건물로 국보 227호로 지정되어 있어요. 총

35칸의 긴 선형 건물로 조선 왕조 역대 왕과 왕비의 49위(位) 신주를 19실에 봉안하고 있어요. 단일 건축물로는 세계적으로 가장 긴 형태로 이는 신위가 늘어날 때마다 감실을 증축했기 때문이에요. 이러한 구조는 중국의 종묘 건축과는 다른 조선만의 형식이랍니다. 특히 신실 동서쪽 끝에서 직각으로 꺾이며 남쪽으로 이어진 5칸의 월랑은 종묘 건물이 갖는 특이한 구조라 할 수 있어요. 이렇게 종묘의 건물이 독창적인 구조로 정착하게 된 것은 강력한 왕권이 뒷받침된 덕분이랍니다.

제례가 있을 때 제례의 주요 공간이 되는 동월랑은 기둥과 지붕으로만 구성되어 북쪽을 제외한 세 방향이 트여 있어요. 반면에 창고로 쓰이는 서월랑은 사방이 벽체로 막혀 있지요.

정전의 가구는 단순하고 소박해요. 모든 부분에 불필요한 장식을 절제한 모습이지요. 바로 이런 절제와 단순함의 반복이 오히려 종묘를 돋보이게 한답니다. 깊게 내려진 맞배지붕의 단정함에는 위엄이 서려 있고, 퇴칸 처마 아래로 무겁게 드리워진 그늘에는 산 자의 장소와는 구별되는 신성함이 깃들어 있어요. 끝도 없이 이어지는 굵고 둥근 열주의 반복은 장엄한 분위기를 연출하고요. 종묘의 핵심은 바로 절제와 단순과 반복이라고 할 수 있어요.

정전은 칸마다 제일 깊은 곳에 신위를 모신 감실이 있어요. 감실은 한 칸의 방으로 구성되었는데 감실 사이는 발을 쳐서 구별해요. 정전의 가장 서쪽 칸이 제1실로 태조의 신위가 안치돼 있으며 동쪽으로 올수록 후대 왕의 신위가 모셔져 있어요.

  감실의 앞쪽은 제사 지내는 공간으로 감실과 달리 이곳은 막힘이 없이 열려 있어요. 문밖으로는 퇴칸 한 칸을 더 두었고요. 건물 전면에 있고 삼면이 트인 퇴칸은 제례 공간이기도 하지만, 산 자와 죽은 자의 세계를 잇는 역할도 해요. 퇴칸에 드리워지는 묵직한 그늘이 이 점을 잘 확인시켜 주지요.

정전에는 출입의 대상이 정해져 있는 세 개의 문이 있어요. 정문인 남쪽의 신문은 맞배지붕의 3칸 문으로 신로가 연결되고 헌관과 집사, 참반원들이 출입하는 통로로 쓰여요.

동문은 집례의 통행로인데 어숙실 서협문에서 출발하는 어로를 정전 동쪽 묘정의 전하 판위와 세자 판위로 이어 주기도 해요. 동문을 통과한 국왕과 왕세자가 동월랑에 올라서면 드디어 제례가 시작됩니다.

동월랑 계단의 소맷돌에는 구름무늬가 조각돼 있어요. 작은 구름

정전

무늬 한 조각으로 큰 규모의 건물을 천상의 공간에 올려놓은 것이지요. 구름 위쪽 소맷돌의 무지개무늬 또한 이곳에 천상의 세계가 펼쳐짐을 다시금 암시하고 있어요.

서쪽의 편문은 악사와 악원들의 출입문이에요. 이렇게 종묘에서는 문 하나까지도 명확한 용도가 있고 건물의 위계도 분명하다는 것을 알 수 있어요.

공신당과 칠사당

공신당은 정전 담장 안 동남쪽 하월대 아래에 있어요. 맞배지붕의 정면 16칸 측면 1칸의 기다란 건물로 역대 공신의 신주 83위(位)가 모셔져 있는 사당입니다. 공신이란 나라를 위해 특별한 공을 세운 신하를 말해요.

태조 때 처음 3칸으로 창건되었는데 지금은 16칸의 긴 건물이 되었어요. 건물 앞면은 정전이나 영녕전과 달리 가운데 3칸에만 판문을 설치했어요. 양 옆면과 뒷면 벽은 전체가 화방벽이어서 길게 이어지는 면이 담장 같은 느낌을 주지요. 단순함과 소박함이 미덕으로 드러나는 공신당은 정전의 위엄과 규모에 눌려 그리 크게 느껴지지 않지만, 우리 건축에서 단일 건물로는 가장 긴 건물 중 하나랍니다.

칠사당은 정전 담장 안 서남쪽 하월대 아래에 있는 맞배지붕의

3칸짜리 작은 집이에요. 왕실의 제례 과정에 관여하는 일곱 신에게 제사를 지내는 곳이지요.

영녕전

영녕전은 조선 태조 이성계의 선대 4조 대왕과 왕비의 신위를 모신 사당으로 정전과 더불어 종묘의 중심 영역을 이루어요. 영녕전의 월대와 묘정의 구조는 정전과 같지만, 규모는 정전보다 낮고 작아요. 그러나 내부 공간의 구성과 이용 방법은 기본적으로 정전과 같지요.

정전의 뒷벽이 단일한 면으로 길게 이어지면서 끝없는 연속성으로 위엄과 신성함을 보여 준다면 영녕전 뒷벽은 기둥을 노출시켜 긴 벽을 나누었어요. 그래서 정전에 비해 상대적으로 인간적인 느낌을 주어요. 영녕전은 보물로 지정되어 있어요.

영녕전 동문 북쪽 담 안에 있는 정면 4칸 측면 1칸의 홑처마 맞배

영녕전

지붕 건물은 제기고예요. 크고 엄숙한 건물들이 주인공인 종묘에서는 오히려 이런 모습도 소박하고 정겹답니다.

악공청

종묘에는 정전과 영녕전 두 곳에 악공청이 있어요. 악공청은 제례 때 악공들이 대기하고 연습하던 건물로 정전과 영녕전 건물 구조에서 볼 수 있는 위계가 이곳 두 악공청에서도 똑같은 형태로 나타나요.

정전의 악공청은 정면 6칸 측면 2칸으로 두벌대 기단 위에 네모진 초석을 놓고 여러 형태의 기둥을 사용하여 세웠어요. 영녕전의 악공청은 정전의 악공청과 같은 구조이지만 규모가 작아 정면 3칸 측면 1칸의 단출한 크기이지요. 두 악공청은 각각 정전과 영녕전 담장 밖 서남쪽에 있어요.

유형과 무형의 세계적인 문화유산 - 종묘제례 및 제례악

유교가 근본이념이었던 조선 시대에는 조상에 대한 숭배를 인간의 도리이자 가장 중요한 법도로 여겼어요. 그래서 이러한 법도를 실행하는 제사를 아주 중요하게 생각했지요. 그러니 왕실의 제사는 얼마나 중요했겠어요? 종묘제례는 왕조의 조상에게 지내는 제사로 조선 왕조의 제사 가운데 가장 규모가 크고 중요한 것이었기 때문에 종묘대제(宗廟大祭)라고 불러요.

종묘제례는 이러한 조상의 영혼이 안식하고 있다고 여겨지는 사당인 종묘에서 수행합니다. 종묘제례는 제사를 지내는 예법과 예절에 있어서 모범이 되는 의식이기 때문에 매우 엄격하고 장엄하게 진행되지요. 의례의 절차는 15세기에 정해졌는데 오늘날까지 대부분 그대로 남아 있어요.

종묘제례악은 우리 고유의 음률로 왕조의 창업과 기상을 노래하고 있고, 모든 행사의 순서에 맞추어 춤과 음악이 조화를 이루지요. 엄숙한 제사 의례만큼이나 장엄미가 돋보이는 종합 예술로 역사적·예술적 가치가 크며 동양에서도 드물게 남아 있는 고전 음악이랍니다. 유형과 무형의 세계 유산을 함께 감상할 수 있는 세계적으로 유례가 드문 문화유산이지요.

종묘제례악은 종묘에서 역대 임금과 왕후의 신위 앞에서 제사 지낼 때 연주하는 '기악(樂)'과 '노래(歌)'와 '무용(舞)'을 통틀어서 말해요. 예전에는 이 세 가지, 즉 '악가무'가 하나라고 생각해 항상 같이 했답니다.

종묘제례 및 제례악은 2001년에 유네스코 세계무형유산으로 등재되었고 2008년부터는 인류무형문화유산 대표 목록으로 관리되고 있어요. 유네스코가 선정한 세계무형유산 가운데 종묘제례악은

2001년도에 종묘제례와 함께 제일 먼저 등재되었어요. 그만큼 세계적으로도 큰 의미가 있답니다. 그래서 우리나라의 중요무형문화재 중에도 첫 번째로 올라가 있지요. 종묘 역시 세계문화유산에 등재되어 있으니 이 종묘에는 세계 유산이 두 개나 있네요. 서울 한복판에 이렇게 세계적인 유적과 유산이 있다는 게 참 대단하지요?

종묘제례악이 세계 유산이 될 수 있었던 것은 세계 혹은 동북아시아에서 적어도 550년이 넘는 왕실의 제사 음악이 완벽하고도 유일하게 남아 있기 때문이에요. 더구나 중국식이 아니고 조선 음악을 토대로 만든 것이라 그 창의력과 독창성도 높이 평가되어요. 매년 5월 첫째 주 일요일에 봉행하는 종묘대제에서 보태평 11곡과 정대업 11곡이 연주되지요.

그럼 이런 대단한 음악을 누가 만들었을까요? 바로 여러분도 잘 알고 있는 세종대왕입니다. 세종은 문자나 천문, 농사, 음악 등 우리 삶에서 가장 중요한 것들을 모두 재창조한, 세계적으로도 그 유례를 보기 힘든 위대한 임금입니다.

더 놀라운 것은 세종이 이 두 음악의 전승을 위해 '정간보'라는 아주 과학적인 악보를 창안했다는 거예요. 정간보는 동양 최초로 음높이와 리듬을 동시에 표기한 위대한 악보예요. 음악에서 제일 중요한 게 바로 이 음의 높낮이와 리듬인데 그전에는 이것을 확실하게 기록한 악보가 없었다고 해요.

조선에서는 종묘제례가 사계절과 섣달에 행해졌어요. 그러다 해방 이후 한때 폐지되기도 했는데 1969년부터 '대동종약원'에 의해 복원되어 지금은 매년 5월 첫째 주 일요일과 11월 첫째 주 토요일에 봉행하고 있어요.

종묘제례는 유교 절차에 따라 최고의 품격으로 거행되는 왕실의 례예요. 종묘라는 멋진 건축 공간에서 진행되는 종묘제례의 장엄하고 정제된 아름다움은 자연과 어우러진 최고의 동양적 종합 예술이지요. 또한 500년이라는 시간과 공간을 초월한 한국의 소중한 정신적 문화유산이랍니다.

한국 최초의 주상 복합 건물, 세운상가

세운상가는 종묘 맞은편에 있어요. 그래서 종묘와 함께 걸어서 둘러보기 좋은 곳입니다. 이색적이고 다양한 상점이 많아서 볼 것도 많고, 맛있는 음식도 먹으며 쉬어 갈 수 있어요.

원래 세운상가 터는 일제 강점기 후반에 일제가 연합군의 공습 폭격에 대비하여 화재가 번지는 것을 막으려고 민가를 허물고 공터로 비워 둔 곳이었어요. 그러다가 한국 전쟁 후에는 피난민들의 판잣집이 2,200여 가구나 들어서게 되었는데 1968년에 판자촌을 허물

세운상가

고 우리나라 최초의 주상 복합 건물을 짓게 되지요. 세계의 기운이 모두 모인다는 뜻의 세운상가라는 이름을 얻은 이곳은 오랫동안 부유층의 거주지와 국내 유일의 종합 가전제품을 판매하는 전자상가로서 명성을 떨쳐요.

1970년대까지 서울의 명물로 자리 잡았고, 국내 유일의 종합 가전제품 상가로 호황을 누렸어요. 그러나 1970년대 후반부터 강남 지역이 개발되고 1987년 용산전자상가가 건설되면서 이곳의 상가 대부분이 이전하는 바람에 점차 쇠락하기 시작했어요. 그러다 보니 2000년대 들어서는 슬럼화되는 양상을 띠게 되었죠.

한때 철거될 상황까지 갔지만 2015년부터 서울시가 도시재생의 일환으로 '다시·세운 프로젝트'에 착수하여 2017년 9월 18일에 재개장했어요. 도시 재생 프로젝트의 대표 사례로 손꼽히는 세운상가는 새로운 모습으로 탈바꿈한 뒤 별칭도 새로 생겼어요. 세운상가를 다시 세웠다는 뜻으로 '다시세운'으로도 부르는 것이지요.

다시세운광장 지하에는 다목적 홀과 세운문화재전시관이 조성되어 있어요. 공사 중 발견된 조선 시대 한성부 중부 관아터와 유적이 발견된 상태 그대로 보존되어 있지요.

다시세운은 세운상가를 처음 지은 1968년 훨씬 이전부터 여러 건축물이 자리하고 있던 곳이에요. 서울의 한복판이자 종묘의 맞은편이었기 때문에 많은 유적이 묻혀 있으리라 보고 세운상가 지하를 발굴 조사했어요. 그랬더니 각각의 지층에서 건물 34개 동의 터를 비롯하여 다수의 유물이 발굴되었답니다.

대략 조선 전기와 후기, 근현대 시기에 세워진 것으로 보여요. 청동기 시대부터 조선 시대에 이르기까지 출토된 유물들을 바탕으로 상설 전시실인 다시세운광장 유적 전시실을 마련했는데요. 건물 1층과 지하에 있는 전시실에서는 출토 유물들을 살펴보고, 15~16세기인 조선 전기의 옛 주거지 터를 유리 바닥을 통해 고스란히 내려다볼 수 있답니다.

다시세운광장 유적 전시실 내부

이곳에서 나온 조선 전기 유물은 범상치 않은 것들이 많아요. 그리고 조사 결과 이곳이 조선 전기 중부 관아가 있던 곳이라는 사실이 밝혀졌어요. 특히 '天'자가 새겨진 전돌의 모서리에 경진년에 만들었다는 글씨가 있어서 대략 1520년 즈음에 세워졌다는 것을 알 수 있지요.

가장 아래층에서 나온 조선 전기 유적지에서는 불에 탄 흔적이 발견되었어요. 임진왜란 때 일본군이 불을 질렀던 것으로 보여요. 그 후 다시 관청 건물이 세워진 것이지요.

조선 시대 관청이었던 곳이 세월이 흘러 주상 복합 건물이 지어지고, 리모델링을 거쳐서 다시 세운상가로 재탄생했다는 것이 참 신기하지 않나요? 옥상에 올라가서 서울의 하늘을 보기 전에 이곳에서 서울의 지나온 역사를 먼저 살펴본다면 우리가 어떤 역사를 가졌는지 눈으로 직접 확인할 수 있을 것입니다.

다시세운광장과 세운옥상

다시세운광장을 뒤로하고 계단을 따라 2층으로 가면 우측 정면에서 세봇(세-BOT)이 반겨 주어요. 세봇은 다시세운의 랜드마크 조형물이에요.

다시세운은 꼭대기에서도 즐거움을 만끽할 수 있어요. 세운상가

9층 옥상에 조망이 매우 좋은 세운옥상이 있거든요. 승강기를 타고 올라갈 수 있는데, 도심을 한눈에 조망할 수 있는 전망대 겸 쉼터로 조성되어 있어요. 세운옥상에서 북한산과 남산을 비롯해 퇴계로와 종로 방면 등 탁 트인 서울 시내를 한눈에 바라볼 수 있답니다.

다시세운은 지하철 1, 3호선 종로3가역에서 걸어서 5분이면 갈 수 있어요. 그야말로 도심 한복판이므로 어디서든 접근이 아주 수월하지요. 게다가 입장료도 무료입니다.

서울 한복판 도심의 새로운 명소인 다시세운에서 아름다운 서울을 한껏 누려 보세요!

4
이지현

경북 영주

한국 정신문화의 뿌리를 찾아 떠나는
하루 답사

경북 영주 하루 답사 경로

부석사 ▶ 순흥 벽화 고분 ▶ 소수서원 ▶ 선비촌 ▶ 무섬마을 ▶ 원도심 관사골 ▶ 부용대

소백산 붉은여우와 함께 영주의 아름다운 명소를 찾아가요

태백산 남서쪽으로 뻗은 소백산 자락 아래 붉은여우 서식지가 있어요. 순흥면 소백로2481번길, 여우 생태관찰원에서는 소백산 붉은여우를 멸종 위기 야생 동물 1급으로 지정하고 증식 복원하여 자연으로 돌려보내는 사업을 진행하고 있어요. 여우는 한반도 전역에서 우리와 살아오던 친숙한 동물이었어요. 하지만 현재는 개체 수가 많이 줄어들어 가까이 보기 힘들어졌죠. 동화에도 자주 등장하는 귀여운 붉은여우가 예전처럼 자연 속에서 자유롭게 사는 모습을 상상해 보아요. 영주에서 가장 아름답고 재미있는 곳을 찾아 이곳저곳을 누비는 모습이 그려질 거예요. 우리 친구들도 가만히 있을 수 없겠죠? 지금부터 소백산 붉은여우와 함께 영주의 명소 7곳으로 여행을 떠나 보려 해요. 덤으로 가는 길목마다 풍기는 달콤한 영주 사과와 복숭아의 향기에 취할 수도 있답니다.

소백산 풍경

세계도 감탄하는 아름다운 사찰, 부석사는 어떻게 지어졌을까요

경북 영주시 봉황산에 자리 잡은 부석사는 신라 문무왕 때인 676년 의상대사가 창건했어요. 당시는 고구려, 백제, 신라 삼국이 서로 다투던 시대였는데, 의상대사가 부석사 터를 잡은 후 '이곳은 고구려의 말발굽과 백제의 비바람을 막을 수 있는 가장 안전한 땅이다.'라고 말했다고 해요. 그리고 '부처님의 힘으로 신라를 지킬 것'이라고 다짐한 의상대사는 부석사를 세운 뒤에도 이곳을 떠나지 않았어요. 의상대사는 부석사에서 머물며 화엄(華嚴) 사상을 갈고 닦았고 수많은 제자를 길러 냈지요. 의상대사는 신분이 높은 사람과 낮은 사람을 차별하지 않고 제자로 키웠다고 해요. 그의 제자 중에는 노비 출신도 있었고 홀어머니를 봉양하는 가난한 군인도, 지체 높은 학자들도 있었어요. 처음 세운 부석사는 지금과 달리 초가집이 몇

우리나라를 넘어 세계가 인정하는 절이 된 이유를 찾아라!

부석사를 세계에서 인정하는 문화유산이라고 하는 이유는 무엇일까요?

부석사는 우리나라를 넘어 세계에서도 인정하는 문화유산이에요. 2018년 6월 30일 제42차 유네스코 세계 유산위원회에서 '산사, 한국의 산지 승원'이라는 이름으로 세계문화유산에 등재되었답니다.

부석사

채 있는 아주 검소한 모습이었어요. 시간이 지나면서 건물이 점점 늘어나 지금처럼 커졌고, 신라 시대부터 고려 시대, 조선 시대의 다양한 유물이 남아 있답니다. 과연 몇 개나 될까요? 우리 친구들은 짐작이 가나요? 정답은 국보가 5개, 보물이 6개나 된다고 해요. 정말 많지요.

부석사까지 걸어서 올라가며 숨은 보물을 찾아보아요

부석사의 역사를 알았으니 이제 직접 만나러 가 볼까요? 부석사를 찾아서 걷다 보면 다양한 숨은 보물을 발견하게 되어요. 먼저 부석사 매표소에서 길가에 서 있는 아담한 바위를 찾아보세요. 바위를 자세히 보면 '허문동천'이라고 새겨 있는 글자를 볼 수 있을 거예요. '허문'은 문짝이 없는 빈 문, '동천'은 신선이 사는 세계를 말해요. 즉 '신선의 세계로 가는 문'이라는 뜻이죠. 여기서부터가 부석사의 시작인 셈이랍니다. 사찰 아래에 있는 마을을 사하촌이라고 하는데요. 식당과 상점과 옹기 공방이 있어 북적이는 사람들로 소란스러운 사하촌과는 다른 신성한 곳으로 가는 마음을 가지게 합니다. 매표소를 지나면 신선이 사는 세계로 향하는 본격적인 오르막길이 시작되죠. 조금 힘들지만, 길 양편에 있는 아름다운 은행나무를 보며 천천히 걷다 보면 어느새 일주문에 도착해요.

일주문은 사찰로 들어가는 첫 번째 문이에요. 두 개의 기둥을 일직선상에 세우고 지붕을 올린 독특한 형식을 가지고 있어요. 일주문은 일심(一心) 하나의 마음, 깨끗한 마음으로 이 문을 지나가라는 뜻이 담겨 있어요. 부석사 일주문에는 '태백산부석사'라는 현판이 걸려 있어요. 부

부석사 당간지주

부석사가 자리한 곳은 봉황산이지만 봉황산은 태백산 줄기에 속해 있어서 크게 보면 태백산의 한 봉우리라 볼 수 있답니다.

은행나무 길을 계속 올라가면 왼편에 돌기둥 두 개가 나란히 서 있는 당간지주를 찾을 수 있어요. '당간지주는 불화(불교의 내용을 그린 그림)인 당을 장대인 간에 매달아 걸어 두었던 기둥'으로 꼭대기 움푹 파인 부분에 당간을 걸었다고 해요. 부석사가 창건된 7세기경에 세워진 것으로 추측하고 있어 1,300년이나 된 당간지주는 보물로 지정되었어요. 조금 더 올라가면 계단이 나오기 시작하니 조금 더 힘을 내야 해요. 계단 한 단의 높이가 30cm나 되는 꽤 높은 계단을 지나면 천왕문이 있어요.

천왕문은 사찰에 들어가는 두 번째 문으로 무시무시한 모습의 사천왕을 볼 수 있어요. 눈을 크게 부릅뜨고 입을 벌린 모습이 무섭겠지만, 사천왕은 사찰에 나쁜 기운이 들어오지 못하도록 막는 수호신이라고 하니 너무 겁먹지 않아도 돼요. 천왕문을 지나면 높은 석축과 마주쳐요.

석축은 비탈진 땅을 평평하게 만들기 위해 돌을 쌓아 올린 벽이에요. 벽을 이루고 있는 돌들은 반듯반듯하게 깎은 돌이 아니라 원래 생긴 그대로, 둥근 것, 각진 것, 큰 것, 작은 것들을 조화롭게 짜 맞추어 놓아 자연스러운 아름다움이 느껴져요.

소백산과 하늘이 맞닿은 아름다운 풍경을 바라보아요.

가파른 계단에 올라서면 정면으로 우뚝 솟은 범종루가 보일 거예요. 범종루로 가는 길 양쪽에 삼층석탑도 있어요. 오른쪽은 동탑, 왼쪽은 서탑이라고 하고, 이 탑들은 신라 시대 후기에 만들어진 것으로 추정하고 있어요. 서탑 옆에는 식사용정이라는 우물도 있어요. 식사용정은 가뭄 때 기우제를 지낸 곳으로 비를 내려 달라고 제사를 지냈지요. 그리고 매년 입춘에 물이 차고 빠지는 모습을 보며 풍년과 흉년을 점쳤다고 해요. 물맛도 좋아서 여기까지 올라오느라 목이 마른 친구는 마셔 보세요.

시원한 물을 마시며 잠시 쉬었다면 이제 범종루로 가 볼까요? 범종이 없는 범종루에는 목어와 법고, 운판이 대신 걸려 있어요. 범종루는 정면보다 측면이 길어요. 지붕도 앞에서 보면 팔작지붕, 뒤쪽은 맞배지붕이에요. 왜일까요? 생각해 보기 위해 잠시 멈춰서 주변을 둘러보세요. 여기까지 올라오느라 힘들던 친구들에게 탁 트인 자연 경관이 선물처럼 펼쳐져 있을 거예요. 부석사는 주변 경관을 해치지 않고

삼층석탑

어울리는 모습으로 짓기 위해 독특한 구조가 되었다고 해요.

부석사 두 번째 누각인 안양루를 향해 걸어가 보아요. 계속되는 계단에 조금 힘들겠지만, 천천히 주위 경치를 보며 감상하는 기쁨도 누려 보세요. 극락을 의미하는 안양(安養)루를 통과하면 바로 앞에 석등과 무량수전을 만날 수 있어요. 석등과 무량수전은 모두 국보랍니다. 석등은 의상대사가 창건한 이래 천년이 넘는 세월을 밝혀 왔어요. 조각 기법이 매우 정교하여 신라 시대 석등 중에서 손꼽는 걸작이라고 해요. 석등의 구멍을 통해 보면 무량수전 현판이 눈에 들어온답니다.

부석사 무량수전

현판은 '무량수전' 글자가 새겨진 절의 이름표를 말해요. 이 현판은 고려 시대 공민왕이 직접 썼다는 기록이 뒷면에 남아 있어요.

국보 제18호인 무량수전은 우리나라에서 가장 오래되고 아름다운 목조 건물 중 하나로, 4:3 황금 비율을 가지고 있어 보는 사람에게 안정감을 주어요. 나무 기둥은 중간이 두껍고 아래나 위로 가면서 점차 가늘어지는 배흘림기둥이에요. 무량수전만의 독특한 건축 방법이죠. 무량수전에서 소백산 쪽을 바라보면 산의 능선과 하늘의 구름이 한 폭의 그림과 같아서 절로 탄성이 나온답니다.

부석사에 깃든 사랑 이야기를 들려줄게요

의상대사는 중국에서 공부할 때 잠시 머물렀던 집에서 선묘 낭자

부석사의 뜬 돌을 찾아라!

뜬 돌은 어디에 있으며 왜 이름이 뜬 돌일까요?

무량수전을 끼고 왼쪽으로 돌아가면 부석(浮石)이라는 글자가 새겨진 커다란 바윗돌을 발견할 수 있어요. 사찰 이름에 얽힌 슬프고도 아름다운 사랑 이야기가 전해 오는 바윗돌이랍니다. 비스듬히 얹혀 있는 큰 바위가 떠 있는지 우선 확인해 볼까요? 어때요? 돌이 살짝 떠 있죠. '뜬 돌'을 한자로 표시하면, 부석(浮石)이 됩니다.

와 만났어요. 그 후 선묘 낭자는 의상대사에게 반하여 온 마음을 바치지만, 출가한 승려를 향한 사랑은 애초부터 이루어질 수 없는 것이었지요. 더욱이 당시 신라가 위기에 처한 것을 알게 된 의상대사는 급히 신라로 돌아가기로 했어요. 의상의 말을 들은 선묘는 가슴이 내려앉을 것 같았죠. 결국 슬픔을 이기지 못한 그녀는 바닷물에 몸을 던지고 말았답니다. 바닷속 용왕은 선묘 낭자의 사랑을 안타까워하며 선묘 낭자를 용이 되게 해요. 용이 된 선묘는 의상대사가 무사히 신라로 돌아갈 수 있도록 살펴 주어요. 부석사를 창건할 때도 절

부석사의 뜬 돌

터에 이미 자리를 잡은 도적 떼를 물리치기 위해 큰 바위를 세 차례나 하늘에 띄워 절을 짓도록 도와주었지요. 그래서 '뜬 돌'이라는 부석(浮石)이 절의 이름이 된 것이랍니다. 혹시 우리 친구 중에 전설이 거짓말이라고 생각하는 친구가 있을까요? 그렇다면 무량수전의 오른쪽 뒤편에 1칸짜리 작은 집을 찾아가 보세요. 선묘각(善妙閣)이라고 쓰인 현판을 보며 누구를 위해 지어진 전각인지 짐작할 수 있을 거예요. 전각 안에 선묘의 이야기를 그림으로 그려 놓은 벽화도 있으니 확인해 보세요.

천년의 세월을 살아 숨 쉬며 내려온 부석사의 역사와 아름다운 모습에 소백산 붉은여우도 반했겠죠?

고구려풍 신라 시대 굴식돌방무덤, 순흥 벽화 고분이 발견되었대요

부석사에서 내려와 3km쯤 떨어진 곳, 경북 영주시 순흥면 소백로 2547-14 근처를 찾아오면 삼국 시대 벽화 고분으로 들어가는 이색적인 경험을 할 수 있어요. 영주시 순흥면은 지리적으로 강원도와 충청도로 이어지는 길목이에요. 삼국 시대에는 고구려, 백제, 신라가 접해 있어서 군사적으로 매우 중요한 곳이었다고 해요. 순흥 일원에는 1,000개 이상의 고분이 분포하는데, 영남 지방의 다른 지역과 비교해도 고분의 밀집도가 높고, 고분을 만든 시기가 5~6세기라는 짧

복제한 순흥 벽화 고분

은 기간에 한정된다는 점도 순흥 지역 고분의 특징이에요. '순흥 벽화 고분'은 남한 유일의 고구려계 벽화 고분으로 1985년 이명식 교수(대구대)에 의해 발견됐으며, 남한에서 발견된 삼국 시대 벽화 가운데 가장 뛰어난 것으로 평가받고 있어요.

이색 체험! 돌무덤 내부에 들어갈 수 있어요

영주 순흥 읍내리 벽화 고분에 도착하면 넓은 주차장이 확보된 공간을 만날 수 있어요. 입구에는 사적 제313호 표지석이 있어, 이곳이 순흥 읍내리 벽화 고분임을 알 수 있답니다. 주차장에서 이어진 계단을 오르면 봉분 하나가 바로 보여요. 누구든지 출입할 수 있도록 돌로 만들어진 봉분 출입문은 개방되어 있어요. 사적 제313호로 지정된 곳을 자유롭게 들어갈 수 있다니 이상하게 여기는 친구들이 있을 거예요. 사실 이곳은 실제 고분은 아니에요. 실물 모습을 복제한 모형 고분이랍니다. 여기서 다시 산으로 250m 오르막길을 올라가야 실제 고분을 만날 수 있어요. 그곳은 발굴 조사가 끝난 후 자료 보존을 위해 입구를 막고 봉분을 다시 쌓아 놓아서 내부를 볼 수가 없어요. 그래서 1988년에 관람객들을 위한 영주 순흥 벽화 고분 모형을 조성해 무덤 내부를 볼 수 있게 해 주었답니다.

무덤의 외형은 둥글고, 내부는 출입문을 열고 널길*을 통해 들어갈 수 있는 굴식돌방무덤이에요. 시신을 모신 널방 내부에는 시상대와 석단이 있어요. 시상대는 널방 서쪽 벽 일부 공간을 제외한 세 벽에 붙여 만들어져 있고요. 널방의 서북 모서리에 마련된 석단은 제단 또는 보조 시상으로 추정되어요. 널방의 크기는 동서 길이 353cm, 남북 길이 202cm, 높이 205cm예요. 네 벽은 위로 갈수록 약간씩 각을 줄여 쌓고, 천장은 2매의 판판하고 두꺼운 큰 돌을 올

---

* 고분의 입구에서 시체를 안치한 방까지 이르는 길을 말해요.

려 완성했어요. 천장을 제외한 내부 모든 벽면과 관대의 측면까지 채색화가 그려져 있어 벽화 고분의 모습을 보여 주고 있답니다.

벽화 고분이란 시신을 안치하는 무덤 속의 방인 널방 내부에 그림을 그려 장식한 무덤이에요. 순흥 고분은 천장을 제외한 널방의 네 벽면, 널길 좌우 벽면, 시상대(屍床臺) 옆면에 그림이 그려져 있어요. 먹선만으로 그림을 그리거나 먹선으로 윤곽을 잡은 다음 그 안에 붉은색, 노란색 등으로 색칠하였어요.

무덤 안에 그려진 벽화로 당시 모습을 상상해 보아요

널길의 서쪽 벽에 자리한 반라(半裸)의 역사상(力士像)은 오른손으로 뱀의 목 부분을 잡고 있고, 휘어진 뱀의 몸통을 위로 돌려 꼬리 부분을 왼손으로 감아 잡고 있어요. 금방이라도 문 입구의 잡귀를 쫓아 버릴 듯한 생동적인 모습이죠. 널길의 동쪽 벽에는 눈을 부릅뜬 힘 센 사람의 그림이 있어요. 묘실 내의 평온하고 고요한 그림들과 달리 널방 입구를 향해 삼지창을 들고 있어요. 든든하게 무덤을 보호하려는 모습 같죠?

서쪽 벽에는 큰 키의 버드나무와 여인상 그리고 묘의 주인이 생활하던 가옥이 그려져 있어 묘주의 생활 모습을 담은 풍속화적인 성격을 나타내고 있어요.

동쪽 벽에 그려진 그림의 새는 서조(瑞鳥)로서 태양신을 상징하는 삼족오(三足烏)로 보이네요. 널방의 남쪽 벽에 그려진 물고기 모양의 깃발을 쥐고 있는 인물과 '己未中墓像人名○○○'의 붓글씨는 벽화 고분의 결정체라 볼 수 있어요. 묵서명은 벽화와 함께 고분의 주인과 그 당시의 사회상까지도 밝힐 수 있는 귀중한 자료랍니다. 그런데 묘주의 이름으로 추측되는 부분이 지워졌기 때문에 확실한 이름은 알 수 없으나, 무덤의 조성 연대는 알 수 있게 되었어요. 붓으로 쓴 '己未'라는 간지로 보아 479년, 539년, 599년으로 추정하고 있어요.

순흥 벽화 고분 내부

벽화는 그림의 내용이나 필치가 고구려 고분 벽화의 특징을 나타내면서 신라의 지역적 특색을 보여 주고 있어요. 신라와 고구려의 접경에 있는 순흥 지역은 두 나라의 정치적·외교적·군사적·문화적 길목에 있다는 것을 기억하나요? 순흥 읍내리의 벽화 고분은 삼국 시대  회화사는 물론 당시의 종교관과 내세관, 고구려와 신라의 문화 교류를 살필 수 있는 중요한 고고학적 자료로 보고 있어요.

　벽화 무덤 내부를 감상하고 왼쪽 이정표를 따라 250m 산으로 더 올라가면 실제 고분을 볼 수 있어요. 돌방을 덮은 고분은 흙을 둥글게 쌓아 만들었고, 둘레에는 고분을 보호하는 호석˚이 둘러 있어요. 안내판 바로 뒤로 가파른 나무 계단을 오르면 발굴 이후 다시 매립하고 봉분을 쌓아 올린 조성 당시 고분을 보게 된답니다. 복제된 모

능이나 묘의 둘레에 돌려 쌓은 돌을 말해요.

형의 내부를 들어가 본 후, 실제 고분을 바라보면 고분 속의 모습이 더 생생하게 상상되겠지요?

순흥 벽화 고분은 박물관에서 전시 형태로만 보는 것이 아닌, 무덤의 내부로 들어가서 삼국 시대 고분의 형태와 벽화를 직접 감상할 수 있는 특별한 경험을 제공해 주어요. 우리 소백산 붉은여우는 조금 무섭다고 할지도 모르지만요.

우리나라 최초의 사학기관, 소수서원에서 선비 정신을 배워요

서원은 16세기 중반부터 17세기 중반에 걸쳐 건립되었어요. 조선 사회에 성리학이 정착되면서 사림 세력이 지방에 설립한 고등 교육 기관이랍니다. 서원은 성리학을 공부하기 좋은 자연 환경에서 용도에 맞는 건물을 배치하여 건축되었어요. 서원은 성리학을 연구하며 인재를 교육하는 강당이 있는 강학 공간, 존경하는 스승의 위패를 모시고 제향을 올리는 사당이 있는 제향 공간, 그리고 유생들이 시를 짓고 토론도 벌이며 휴식하고 교류하는 유식 공간으로 구성되었어요. 자연 속에서 수양하고 휴식하는 일도 성리학을 배우는 과정으로 보고, 자연 경관도 빼어난 입지 조건을 갖추었답니다. 소수서원은 지형과 자연 환경이 조화롭게 설계하여 서원 건축 전형을 완성하였다는 점에서 탁월한 가치를 지녀요. 이를 인정받아 2019년 7월 제

43차 유네스코 세계문화유산으로 등재되었답니다.

　소수서원은 우리나라 최초로 임금이 이름을 지어 내린 사액서원이자 사학(私學)기관이에요. 주세붕에 의해 세워진 백운동서원은 풍기에 있어요. 이곳 풍기에는 '순흥'이라는 마을이 있는데, 성리학을 우리나라에 들여온 안향의 고향이었다고 해요. 주세붕은 안향의 고향인 이곳 풍기에 군수로 내려오면서 '유교의 가르침은 반드시 이곳에서 다시 시작되어야 한다'라는 생각에서 서원을 세우게 되었어요. 소수서원이 사액을 받기 전에 주세붕이 붙인 이름은 '백운동서원'이었어요. 1548년 퇴계 이황이 풍기 군수로 온 뒤에 서원을 정비하면

소수서원

서 소수서원이라는 사액을 내려받게 됩니다. 소수는 무너진 학문을 다시 이어서 닦는다는 뜻으로 학문 부흥의 의지가 담겨 있어요. 소수서원의 탄생이 흥미롭죠? 그럼, 소수서원으로 들어가 볼까요.

조선 초기의 서원 모습을 볼 수 있어요

매표소로 들어서면 울창한 소나무 숲길이 먼저 반겨요. 소나무 숲에선 서원이 보이지 않아요. 소나무 숲길을 따라 걷다 보면 서원에서 보기 낯선 것과 마주해요. 바로 '당간지주'예요. 통일신라에는 여기가 '숙수사'라는 사찰 터였대요. 소수서원을 따라 흐르는 주계천 너머 '취한대'가 보여요. 앞서 말한 유식 공간으로 자연을 벗 삼아 시를 읊는 모습이 눈에 보이는 듯하네요. 취한대에서 고개를 돌리면 '경자 바위'를 찾을 수 있어요. 주세붕이 직접 쓴 백운동과 경(敬)이라는 글자가 바위에 새겨져 있어요. 찾기 어려울 수 있으니 눈을 크게 뜨고 살펴보아요. 경(敬)은 선비의 덕목을 나타낸 글자로 공경과 근신의 자세로 학문에 집중한다는 의미예요. 지도문을 지나면 강학당이 바로 보여요. 강학당에는 두 개의 현판이 있는데 외부에는 백운동, 내부에는 소수서원이라는 현판이 있어요. 내부에 걸린 소수서원 현판은 명종의 친필이에요.

소수서원의 건물은 비교적 자유롭게 배치되었는데 일반적인 서원의 배치가 완성되기 전인 초기의 서원이기 때문인 듯해요. 정문으로 들어서면 강당인 명륜당이 있고 학생들이 머물며 공부하는 일신재와 직방재가 연속으로 있어요. 서원의 일반 배치가 강당 좌우에 대칭으로 동·서재를 두는 것인데 비해, 소수서원은 현판의 이름으로 구분하였어요. 사당은 명륜당의 서북쪽에 따로 쌓은 담장 안에 있어요. 소수서원은 조선 후기에 대원군이 서원을 철폐할 때 살아남은 47개 서원 중의 하나이며, 지금도 매년 봄·가을에 제사를 지내고 있어요. 소수서원에 대해 더 알고 싶다면 '사료관'을 찾아 더 안쪽으로 들어가 보세요. 소수서원의 역사와 전통 및 주요 배출 인물에 대해 설명해 놓은 자료를 확인할 수 있어요.

선비촌에서 조선 시대 전통 가옥도 보고 전통 체험도 해요

소수서원에서 탁청지라는 연못을 지나 죽계교를 건너면 선비촌으로 이어져요. 다리를 건너면 관리동과 저잣거리가 보여요. 선비촌에는 조선 시대의 전통 가옥을 복원하고 생활상을 재현해 놓았어요. 유교 문화를 체험하고 학습할 수 있도록 지은 테마파크로 기와집, 초가집, 누각, 정사, 원두막, 저잣거리 등을 볼 수 있어요. 고택에 따라 윷놀이, 제기차기와 같은 전통문화 체험도 할 수 있어요. 고택에서 숙박도 가능하며 드라마 촬영지로 활용되기도 했답니다. 강학당

선비촌

은 서원에서 유생들이 모여 강의를 듣는 곳이라고 했죠. 대개 넓은 대청마루와 온돌방으로 배치되어 있어요. 이곳 강학당은 문방사우가 준비되어 있어 관람객이 직접 글을 써 보면서 우리나라의 전통적 교육 방식을 체험할 수 있어요.

다리를 건너 작은 언덕을 오르면 소수박물관으로 갈 수 있어요. 박물관 입구엔 주자, 안향, 주세붕, 이황, 공자의 흉상들이 전시되어 있어요. 유교 문화와 소수서원과 관련된 인물의 흉상이라고 볼 수 있어요. 탁본 체험도 할 수 있으니 도전해 보세요. 소수박물관에는 3만 800여 점의 소장품이 전시되어 있고, 유교와 관련된 전통 문화유산을 체계적으로 정리해 두었어요. 유교의 경전과 퇴계 이황의 서원 진흥 자료 등 유교 문화와 생활상을 엿볼 수 있는 전시들이 많아 참고할 내용을 살피기 좋아요.

선비 정신을 배우고 학문을 익히기 좋은 소수서원에선 소백산 붉은여우도 의젓한 모습을 보일 것 같죠?

느리게 흘러가는 섬 아닌 섬마을, 무섬마을을 걸어요

무섬마을은 태백산에서 이어지는 내성천과 소백산에서 흐르는 서천이 만나, 마을의 3면을 휘감아 도는 전형적인 물돌이 마을이에요. 마을에 진입하려면 작은 콘크리트 다리인 수도교를 건너야 마을 주차장으로 들어갈 수 있어요. 주차장에 내리면 마을에 대한 안내판과 마을에 있는 고택 위치를 지도상 번호로 확인할 수 있어요. 관광 안내소에서 지도를 한 장씩 챙겨 기와집과 초가집이 어우러진 고즈넉한 옛 마을로 시간 여행을 떠나 보아요.

너른 모래톱 위에 말발굽 모양으로 자리 잡은 무섬마을은 고즈넉한 산과 강이 어우러져 빼어난 자연 경관을 자랑해요. 마을이 평화롭고 고요하다 느낄 수 있는데 이런 아름다운 마을의 역사는 1666년으로 거슬러 올라가요. 반남(潘南) 박씨가 이곳에 처음 터를 잡은 후 선성(宣城) 김씨가 들어와 박씨 문중과 혼인하면서 오늘날까지 두 집안의 집성촌으로 남아 있게 되었어요. 현재 40여 채 전통 가옥이 지붕을 맞대고 오순도순 마을을 이루며, 이 중 30여 채가 조선 후기 사대부 가옥이고, 역사가 100여 년 넘는 가옥도 16채나 남아 있어 조

무섬마을 이름의 유래를 찾아라!

무섬마을이라는 이름은 어떻게 지어졌을까요?

산과 물이 태극 모양으로 돌아나가는 모양이 마치 물 위에 떠 있는 섬과 같다고 해서 '물섬'이라 부르다가 '무섬'이 되었다고 해요. 현재 행정 구역상의 지명인 수도리(水島里)는 무섬을 한자로 옮긴 것이고요. 어때요. 물 위의 섬, 무섬! 기억할 수 있겠죠?

상들의 자취와 숨결을 그대로 느낄 수 있답니다. 시대의 변화로 쇠락하여 사라질 뻔한 마을은 2013년 국가 지정 중요민속문화재(제278호)로 마을 전체가 지정되면서 명맥을 유지할 수 있었다고 해요. 관광지로 이름나고 사람들의 발길이 닿기 시작하면 식당이나 기념품 판매처들이 먼저 들어서기 마련인 다른 관광 마을과 달리, 무섬마을은 옛 모습을 그대로 간직한 채 느리게 흘러가는 모습이 큰 매

무섬마을 전경

력으로 다가와요.

전통 가옥의 모습을 살펴보아요

무섬마을에서 가장 오래된 집인 만죽재(晩竹齋) 고택. 입향조*인 박수 선생이 1666년에 지은 집으로 무섬마을의 역사가 시작된 집이에요. 만죽재 고택은 안마당을 중심으로 一자형의 사랑채와 ㄷ자형의 안채가 사방을 둘러싸듯 배치된 ㅁ자형으로 문밖에서는 집 안의 모습이 보이지 않아요. 여성들이 사용하는 안채가 밖에서 보이지 않는 폐쇄적인 구조로 남녀를 구별하는 유교의 생활 원리를 반영한 형태로 볼 수 있어요. 무섬마을 기와집들을 비롯해 경상도 북부 지역의 전통 가옥에서 흔히 볼 수 있는 구조랍니다. 별채인 섬계초당에 오르면 무섬마을이 한눈에 내려다보여요.

무섬마을에서 가장 큰 집인 해우당 고택은 예안 김씨 입향조인 김대 선생의 후손인 김낙풍 선생이 1879년 지은 살림집으로 사랑채에 걸린 '해우당' 현판은 흥선대원군의 글씨로 알려져 있어요. 마을의 중앙에 있는 만운 고택은 시인 조지훈의 처가이기도 해요. 조지

---

*마을에 처음 들어와 터를 잡은 사람 또는 조상을 말해요.

훈은 그의 시 '별리'를 통해 무섬마을의 아름다움을 노래했어요. 각 고택이 가지고 있는 역사를 찾아 마을을 걷다 보면 장작불 때는 아궁이를 여전히 사용하고 있는 듯 가지런히 쌓아 올린 장작더미를 흔히 볼 수 있어요. 주민이 적은데도 집들이 번듯하고 정갈하여 오래되고 낡은 마을이라는 느낌이 전혀 들지 않아요. 친구들이 좋아하는 고양이도 많이 만날 수 있는데 사람을 잘 따르고 마을 주민인 것

해우당 고택

처럼 자연스럽게 행동하는 모습에서 동네의 푸근한 인심을 느낄 수 있어요.

독립운동가가 많은 이유, 아도서숙

마을 반대편으로 살짝 경사진 오르막을 따라가면 왼쪽에 계단이 있고, 계단을 다시 오르면 '아세아 조선 반도 내 수도리에 있는 서당'이라는 의미를 가진 '아도서숙'(亞島書塾)도 볼 수 있어요. 무섬마을은 전국의 단일 마을 중에서 가장 많은 독립운동가를 배출한 마을이기도 해요. 독립운동 포상자만도 5명이나 되는 훌륭한 곳이죠. 아도서숙은 농민 계몽 활동과 지역 독립운동의 산실이었다고 해요. 일본에서 신학문을 공부했던 김화진(해우당의 증손자) 선생의 주도하에

까치구멍집을 찾아라!

무섬마을에는 까치구멍집이라는 것이 지붕에 있어요. 이것의 용도는 무엇이고, 이름의 유래는 무엇일까요?

무섬마을의 초가집은 문을 닫으면 외부와 단절되는 집의 구조 때문에 연기와 냄새를 배출하기 위해 지붕 양쪽으로 구멍을 뚫어 놓은 것을 볼 수 있어요. 까치둥지처럼 보인다고 해서 까치구멍집이라고 불러요. 태백산맥 중심으로 강원도 지역과 경상도 북부 지방에 주로 분포하는 초가 형태로 이색적인 형태예요.

1928년에 문을 열어 1933년 일제에 의해 불태워져 문을 닫기까지 독립운동의 거점 역할을 했어요.

한국의 아름다운 길 100선, 무섬마을 외나무다리를 건너요

옛 모습을 그대로 간직한 고택도 볼 만하지만 무섬마을을 특별하게 만드는 것은 바로 외나무다리랍니다. 무섬마을의 외나무다리는 단순히 모양을 위해 세워 둔 것이 아닌 실제 사용했던 다리로 1983년 수도교가 생기기 전까지 300년 동안이나 무섬마을에서 육지로 가는 유일한 다리였어요. 넓은 모래톱 위에서부터 시작돼 내성천 위를 가로질러 부드러운 곡선으로 놓인 다리는 주변 풍경과 어우러져 멋스러움을 더해 준답니다. '한국의 아름다운 길 100선' 중 한 곳으로 꼽힐 정도로 아름다운 경치로 인해 드라마 촬영지로도 인기를 끌고 있어요.

마을을 찾는 관광객에게는 낭만의 상징이자 인생 사진 명소지만 마을 사람들에게 외나무다리는 '시집올 때 가마 타고 들어오면, 죽어서 상여 타고 나간다'라는 말이 있듯이, 삶의 희로애락이 담겨 있는 곳이기도 해요. 해마다 장마로 다리가 떠내려가면 마을 사람들이 모두 모여 다시 만드는 일을 반복한다는데요. 이때 함께 돕지 않으면 일 년 동안 운이 좋지 않다는 억지 같은 미신을 굳게 믿어서 가능한 일이기도 해요. 한 사람이 겨우 지나갈 수 있는 외나무다리는 예로부터 내려오는 선비정신의 상징이기도 하답니다. 지금은 외나무다리 중간중간 비켜설 수 있도록 마련해 놓은 작은 공간이 있지만, 예전에는 멀리 건너편에 사람이 보이면 그 사람이 건너올 때까지 기다렸다고 해요. 지금은 더 크고 튼튼한 다리가 생겼지만, 무섬마을의 외나무다리는 단순한 다리 이상으로 무섬마을의 정신이 담겨 있는 것 같죠?

무섬마을 외나무다리

무섬마을에서 하룻밤 어때요

무섬마을의 자연과 옛 정취를 마음껏 감상했다면, 무섬마을에서 경험할 수 있는 다양한 축제와 행사, 체험을 통해 그 재미를 더해 볼 수 있어요. 무섬마을에는 무섬외나무다리축제, 정월대보름 달집태우기축제 등의 축제와 행사가 있으며, 전통 한옥 체험과 무섬 문화촌 전통문화 체험 프로그램이 준비되어 있어요. 또한 무섬마을을 제대로 느끼기 위해서는 고택에서 하룻밤 묵으며 여유롭게 보내는 것도 좋아요. 직접 숙박 체험을 하며 역사와 전통 그리고 자연을 닮은 아름답고 포근한 한옥의 정취를 느낄 수 있는 기회가 될 거예요. 달빛을 벗 삼아 강변을 걸으며 물소리와 자신의 발걸음 소리에 귀 기울여 보고, 새벽 물안개에 휩싸인 외나무다리를 건너 보는 경험은 잊을 수 없는 추억을 만들어 주기에 충분하지요. 무섬마을 가장자리에 있는 한옥 체험관인 무섬 문화촌에서는 80~100여 명이 숙박할 수 있는 공간과 현대식 화장실, 샤워 시설, 족구장 등의 시설도 갖추고 있으며, 도자기와 염색 체험 및 사군자 체험 등 다양한 체험 행사도 준비되어 있어요.

무섬마을은 아름다운 자연 경관과 더불어 옛 선비들의 삶까지 엿볼 수 있는 매우 매력적인 공간이에요. 소백산 붉은여우와 함께 외나무다리를 느리게 걷다 보면 정신과 마음마저 맑아질 것 같아요.

근대 발전의 상징, 추억의 열차를 기억해요. 원도심 관사골

영주 하면 떠오르는 것 중 하나가 열차예요. 근대 발전의 상징이었던 열차를 떠올리며 여행을 할 수 있는 곳이 있어요. 1930년대 중앙선 철도 부설 공사가 진행될 때 영주에 관사골이 생겨났어요. 영주 시내와도 가깝고, 현재 영주역에서도 2km 정도 거리에 있어 찾기 쉬운 곳이랍니다. 관사골은 1940년대 중앙선 개통으로 영주역이 철도 중심지로 이름을 알리면서 역에 근무하던 직원들이 거주하던 집이 모여 이루어진 마을이에요. 1942년 중앙선이 개통되고 영주역이 중간역으로서 역할을 하면서 영주시가 근대 도시로 발전할 수 있

관사골 전경

는 계기가 되었고, 1955년 영암선(현재의 영동선), 1966년 경북선이 완공되면서 더욱 중요한 교통 요지로 떠올랐어요. 특히 경북선은 경부선이 지나가는 경상북도 김천과 중앙선이 통과하는 영주를 연결하는 철도여서, 영주의 위상을 더 올려 주었답니다. 그러나, 1973년 영주역이 남쪽으로 옮겨 가면서 이곳 관사골은 낙후되어 갔어요.

골목 따라, 기차 따라 레트로 여행의 명소

2016년 도시재생사업으로 낡은 가옥과 비좁은 길을 정비하고 기차를 주제로 한 벽화가 그려지면서 레트로 여행을 즐기는 사람들이 찾는 명소로 거듭났어요. 영광중학교 뒤 야트막한 산자락을 올라가다 보면 낡은 집들이 옹기종기 모여 있는 마을이 쉽게 눈에 들어와요. 좁은 골목길을 따라 굽이굽이 마을 길을 오를 수 있으며, 바닥에 관사골이라고 그려진 이정표를 따라가면 옛 일본식 목조 주택들이 다닥다닥 모여 있어요. 걸어서 가도 좋지만, 마을 입구까지 차로 움직일 수도 있어요. 관사골 꼭대기에 공영 주차장이 넓게 마련되어 있답니다.

규모가 크지는 않지만, 다른 벽화 마을과 달리 열차의 모습을 그린 벽화, 철길, 열차 내부의 모습을 그린 벽화 등 열차와 관련된 그림들이 곳곳에 있어요. 연날리기, 88올림픽 하면 생각나는 굴렁쇠 굴

리기, 팽이치기, 제기차기, 엿장수에게 고물을 주고 엿을 바꿔 먹는 모습, 말뚝박기 등의 전통 민속 놀이도 그려져 있어요. 관사골 벽화 마을 걷다 보면 바닥에도 그림이 그려져 있는데, 노란색과 검은색을 보니 철길을 그려 놓은 듯해요. 옛날 열차 길을 지나갈 때 띵띵 소리와 함께 열차가 들어오는 것을 알려 주는 멈춤 표시와 위험 표시판도 만들어져 있어요. 옛 열차의 모습을 반입체로 만든 열차 모형은 크기가 커서 포토존으로 사진 찍고 추억을 남기기도 좋은 곳이에요.

1930년대 최고급 주택, 철도 관사도 둘러보아요.

서부 제유소 앞에서 오른쪽 길로 걷다가 대성마트 앞에서 왼쪽 길로 접어들면 영주역 관사를 볼 수 있어요. 철도 관사는 현재 9채 정도가 남았고, 보전 상태가 양호한 2동이 등록문화재로 선정되었어요. 부역장 급이 거주했던 5호 관사(국가등록문화재 제720-1호)와 역장급이 살았던 7호(국가등록문화재 제720-2호) 관사 모두 1930년대 중반 지어질 당시 흔적들을 간직하고 있어요. 화장실, 목욕탕, 주방, 넓은 정원 등을 가지고 있어 당시 최고급 주택으로 인정받았다고 해요. 관사골에는 지붕이 연결되어 있거나 처마 아래 관사 번호가 쓰여 있는 집들을 종종 보게 되는데요. 중앙선 철도 개설 공사에 참여한 공병대 기술자들의 숙소로 사용하기 위해 지어졌기 때문이에요. 일본식 목조

철도관사 5호

철도관사 7호

주택의 전형을 보여 주며 내부 공간, 외관 형태, 건축 자재의 보존 상태가 좋은 편이에요. 5호에는 지금도 사람이 거주하고 있어요. 7호 관사는 사는 사람은 없지만, 정원과 텃밭이 잘 가꾸어져 있어요.

부용대에 올라서면 영주 시내가 한눈에 보여요

관사골 벽화마을에서 추억을 즐겼다면 부용대에 올라서서 영주 시내를 바라보는 것도 추천해요. 관사골 부용공원 남쪽 절벽에 정자가 하나 있고 '부용대'라 불러요. 부용대에 올라서면 영주 시내의 모습을 한눈에 볼 수 있어요. 옛날에는 서천의 물길이 이 절벽 아래를 휘감아 구성공원 쪽으로 흘렀어요. 조선 명종 때 풍기 군수로 있던 이황이 이곳을 지나다가 주변 경치가 너무 아름다워 정자 이름으로 지었다고 해요. 부용은 무궁화를 닮은 꽃으로 옛 선비들은 선비 정신의 표상으로 여겨 정원에 심어 감상한 꽃이에요. 일제 강점기, 독립운동가들은 무궁화 말살 정책으로 볼 수 없던 무궁화를 대신해 이 꽃으로 애국심을 달랬다고 합니다.

집 안이 훤히 보일 정도로 낡은 집들이지만 담벼락에 그려진 그림들을 보고 있으면 슬그머니 웃음을 짓게 하고, 한때 증기기관차 소리가 울려 퍼졌던 마을을 상상하게 해요. 좁은 골목길을 따라 올라가다 보면 마치 시간 여행을 떠난 느낌마저 든답니다.

부용대와 영주 시내 전경

소백산 붉은여우와 영주의 아름다운 명소를 돌아보니 어떤가요? 부모님에겐 추억 여행을, 친구들에겐 역사 여행을 하게 해 주는 또 오고 싶은 곳들이죠? 즐거운 여행 중 배가 출출하다면 '삼홍삼백'도 찾아보세요. 삼홍삼백은 영주 특산물 중에 빨간빛의 사과, 소고기, 홍삼을, 하얀빛의 기지떡, 문어, 부석태 콩을 의미해요.

5
조용근

경북 안동

전통문화와 독립운동가를 찾아 떠나는
하루 답사

경북 안동 하루 답사 경로

하회마을(부용대, 병산서원) ▶ 봉정사 ▶ 이천동 석불상 ▶ 월영교 ▶ 임청각
▶ 태사묘 ▶ 권정생 동화 나라 ▶ 도산서원, 이육사 문학관

동쪽의 평안한 도시, 안동으로 떠나요

학교 급식에서 맛있는 안동찜닭이 나온 적이 있을 거예요. 음식에 지명이 들어간 경우가 간혹 있는데 안동찜닭도 그중 하나입니다. 안동찜닭은 경상북도 지방 북부 중앙에 자리한 안동이라는 도시에서 유래되었다고 해요. 안동에 대해 들어 본 적이 있나요? 하회마을, 간고등어 등이 떠오르는 친구들이 많을 거예요. 안동이 우리나라에서 세 번째로 큰 땅을 가지고 있다는 걸 알고 있나요? 크기만큼 다양한 문화유산을 보유한 도시로도 유명해요.

낙동강 상류 지역에 자리 잡은 안동은 선사 시대부터 지금까지 경상북도 북부 지방의 거점 도시의 역할을 담당해 왔어요. 구석기 유적부터 다양한 유물과 유적이 곳곳에 남아 있고, 퇴계 이황을 비롯한 다양한 인물이 배출된 문화의 도시이기도 해요. 그리고 안동은 우리나라에서 독립운동가를 가장 많이 배출한 도시이기도 합니다.

안동 하회마을

안동이라는 이름은 누가 지었을까요? 고려 시대 태조 왕건이 나라를 세운 지 13년 뒤인 930년에 왕건과 후백제 견훤이 안동 땅 병산에서 전쟁을 했어요. 그때 이 고을의 성주 김선평과 고을 사람 권행, 장정필 등 세 사람이 왕건을 도와 고려가 전쟁에서 승리하도록 도왔습니다. 이 전투를 '병산대첩'이라 하는데 병산대첩에서 승리한 고려는 곧 후삼국을 통일했어요. 왕건은 세 사람을 공이 많은 신하라 칭하며 벼슬을 내렸어요. 그리고 이 고을에 "동쪽을 평안하게 한다."라는 의미의 안동이라는 이름을 내렸고 그 지명이 지금까지 사용되고 있습니다.

조선 시대 안동은 특히 퇴계 이황이 활동하던 때부터 사림(士林)의 본고장이 되었어요. 퇴계는 성리학을 체계화한 인물이지요. 또한 한국 역사상 가장 많은 제자를 길러 낸 인물로도 유명해요. 퇴계 덕분에 안동은 성리학의 중심지가 되었어요. 또한 유교 이념에 따라 많은 집성촌이 만들어진 것도 안동의 특징이에요.

조선 중기에 성리학을 바탕으로 정치를 주도한 양반 지배층을 뜻해요. 조선 초기에 권력을 잡았던 훈구파와 대립했으며, 조선 중기 이후에는 사림파의 여러 세력이 갈라져 붕당을 이루었어요.

안동에는 지금까지도 그 문화유산을 잘 보존하여 전 세계적으로 가치를 인정받은 곳이 많이 있어요. 하회마을, 봉정사, 병산서원과 도산서원이 세계문화유산으로 등재되어 있지요. 그럼 지금부터 안동의 문화유산을 하나하나 만나러 가 볼까요?

같은 성을 쓰는 사람들이 함께 살아요

안동에서 가장 처음 세계문화유산으로 등재된 곳은 바로 하회(河回)마을이에요. 이곳은 경주에 있는 양동마을과 함께 2010년 한국의 역사 마을로 지정되었어요. 하회마을의 '하회'는 강이 돌아나간다는 의미로 우리나라의 4대강 중 하나인 낙동강이 마을을 돌아나가는 모습을 따서 지은 이름이에요. 풍수지리학적인 관점에서는 마을이 물 위에 떠 있는 연꽃의 모습을 닮았다고 하여 좋은 땅으로 꼽는다고 합니다.

하회마을은 조선 시대부터 약 600년간 하회 류씨 가문이 살아온

한국의 대표적인 집성촌이에요. 집성촌이란 같은 성씨를 가진 사람들이 모여 사는 마을을 말해요. 하회마을은 기와집과 초가집 모두 잘 보존되어 있어 옛날 사람들이 살던 집 모양을 살펴보기에도 좋아요.

하회마을을 자세히 둘러볼까요? 하회마을은 안동 서쪽에 있는 곳으로 예천과도 가까운 곳이에요. 주소로는 경상북도 안동시 풍천면 하회 종가길 2-1입니다.

먼저 하회마을에 들어가기 위해서는 세계 하회탈 박물관이 있는 하회 장터를 지나가야 해요. 하회 장터에는 안동찜닭, 안동 간고등어 등 맛난 먹거리도 많이 있어요. 하회 장터를 지나면 나오는 매표소에서 표를 사고 버스 터미널에서 셔틀버스를 타고 5분만 가면 됩니다. 물론 걸어서 갈 수도 있어요. 하회마을은 민속촌처럼 볼거리를 위해 의도적으로 만든 마을과 다르게 지금도 주민들이 살고 있는 마을이에요. 그래서 탐방할 때는 주민들에게 피해를 주는 행동을 하지 않도록 조심해야 해요. 예를 들어 담장을 넘어 집 안을 보려고 한다거나 큰소리로 떠들면 안 되겠죠. 주민들을 생각하며 마을을 관람하면 더욱 좋을 것 같습니다. 하회마을을 모두 둘러보려면 2시간 정도 걸리는데 산책하기 딱 좋은 시간이죠. 마을 안에는 우체국, 교회, 소방서 등 공공기관들도 있고 마을의 가장 중심이 되는 곳에는 600년 된 느티나무 신목(神木)이 있어요. 하회마을의 역사와 함께 살아온 나무라니 그 세월 동안 얼마나 많은 것을 보고 들었을지 궁금해집니다. 정월 대보름에는 이곳에서 하회 별신굿 탈놀이가 시작된다고 해요. 하회마을에서 전승되고 있는 '하회 별신굿 탈놀이'는 월요일을 제외한 매일 오후 2시부터 한 시간가량 하회마을 입구에 자리 잡은 하회 별신굿 탈놀이 전수관에서 공연해요. 이 탈놀이를 보고 싶으면 시간 맞춰 관람해 볼 것을 추천합니다. 탈놀이를 통해 양반 문화를 풍자한 서민 문화를 만날 수 있을 거예요. 하회마을에는 서민 문화 외에도 양반들의 풍류 문화였던 선유줄불놀이가 현재까지 그 명맥을 유지하고 있어요. 선유줄불놀이는 우리 조상들이 즐겼던 불꽃놀이라고 생각하면 돼요. 이처럼 다양한 볼거리와 먹거리가 있는 하회마을은 유명한 사람들도 많이 찾아온 곳이에요. 영국의 엘리자베스 2세 여왕과 찰스 3세도 이곳을 방문하여 아름다운 마을의 경치를 여유 있게 즐기고 갔지요.

하회마을 외곽 쪽으로 걸어가면 만송정 숲과 모래사장, 그리고 낙동강 상류를 만날 수 있어요. 만송정 숲은 2006년 천연기념물로 지정될 정도로 아름다운 소나무들이 있어 숲의 아름다움을 느낄 수 있어요. 만송정 앞 모래사장은 크기가 크지 않지만 간단한 물장구, 물수제비 등의 놀이를 즐길 정도는 된답니다.

이 강을 건너면 부용대가 있어요. 부용대라는 이름은 중국의 옛 이야기에서 전해지는데 부용은 연꽃을 의미한다고 해요. 과거에는 하회마을과 부용대를 잇는 섶다리가 있어서 건널 수 있었지만 잦은 홍수로 인해 다리가 떠내려가 없어지면서 지금은 육로를 따라가거나 배를 타고 갈 수 있어요. 부용대는 태백산맥의 맨 끝부분에 해당하는 곳으로, 암벽으로 된 절벽이고, 이곳에 올라가면 하회마을의 전경을 한눈에 내려다볼 수 있어요.

이렇게 다양한 볼거리로 눈과 마음을 충족할 수 있는 하회마을의 장점은 마을에서 숙박을 할 수 있다는 거예요. 여유가 된다면 마을에서 하루를 묵으며 지내는 것도 추천해요.

조선 시대 사람들은 어디에서 공부했을까요?

조선 시대에 중앙은 성균관이나 사학에서, 지방은 향교와 서원, 서당에서 공부를 했어요. 현대의 초등학교와 같은 역할을 했던 서당에서 공부를 마치고 나면 서원으로 들어가 중등 교육을 받고 최고학부인 성균관에 들어가 문과에 응시해 관직에 나아가는 수순을 밟았죠. 그리고 신분제 사회였기 때문에 교육은 주로 양반 계층의 자제들만 받았어요.

서원은 사립 교육 기관 중 하나인데 하회마을에서 멀지 않은 곳에 병산서원이 있어요. 병산서원은 고려 시대에 유학을 배우기 위해

병산서원 전경

양반의 자녀들이 모여 공부하던 풍악서당에서 비롯되어 지어진 곳이에요. 하회마을 류씨 집안의 조상인 서애 류성룡의 뜻에 따라 서원을 병산으로 옮기고 '병산서원'이라는 이름을 지었어요. 병산서원은 2019년에 한국의 서원으로 영주 소수서원, 함양 남계서원, 경주 옥산서원, 안동 도산서원, 장성 필암서원, 달성 도동서원, 정읍 무성서원, 논산 돈암서원과 함께 유네스코 세계문화유산으로 등재된 자랑스러운 문화유산이기도 합니다.

입교당에서 바라본 만대루

　병산서원은 하회마을과 연결된 산을 타고 가면 약 2시간 정도, 차로 가면 10분 내외의 거리에 있어요. 풍광이 정말 아름답기로 유명해 꼭 한 번 들를 가치가 있는 곳입니다. 서원 앞으로는 낙동강이 유유히 흐르고 그 너머로는 화산(花山)이 병풍처럼 둘러쳐져 있어 장관을 이루어요. 이제 병산서원 안을 하나하나 살펴볼까요?

　병산서원의 정문을 따라가면 입구로 들어가기 전에 나무가 잔뜩 심어진 것을 볼 수 있어요. 이 나무가 바로 배롱나무입니다. 배롱나

병산서원의 화장실을 찾아라!

병산서원 외곽에는 그 시절 집안일을 도와주던 사람들이 살았던 공간 일부가 남아 있는데 '달팽이 뒷간'이라는 것이 눈에 띄어요. 뒷간은 무엇을 의미할까요? 왜 달팽이라는 이름이 붙었을까요?

뒷간은 화장실을 말해요. 그런데 왜 달팽이라는 이름이 붙었을까요? 이 화장실은 문이 없는데 위에서 보면 달팽이 모양처럼 생겨서 그런 이름이 붙었다고 합니다.

달팽이 뒷간

무는 백일홍 나무라고도 불러요. 예로부터 노각나무처럼 예쁘고 줄기의 모양이 맵시가 있어 청렴결백한 선비의 모습을 닮았다고 해서 서원에 많이 심는 나무랍니다.

　서원에는 공부하는 '강학 공간'만 있는 것이 아니라 선현의 위패를 모셔 놓고 제사를 지내는 '제향 공간'이 있어요. 병산서원 제향 공간으로는 존덕사, 신문, 전사청이 있고 강학 공간으로는 입교당, 동재, 서재가 있어요. 입교당이라는 이름은 '가르침을 바로 세운다'는 뜻을 담고 있고, 동재와 서재는 지금의 기숙사라고 생각하면 돼요. 그 외 건물로는 장판각과 만대루, 복례문, 주사 등이 자리하고 있어요. 특히 만대루에 올라 앞쪽에 펼쳐진 낙동강과 화산을 바라보면 그 당시 서원의 학생들이 얼마나 아름다운 풍경을 보며 공부했는지 부럽기까지 합니다.

병산서원과 아주 관계가 깊은 서애 류성룡은 우리가 잘 알고 있는 이순신 장군과도 각별한 사이였어요. 서애 류성룡 선생이 쓴 《징비록》은 국보로 지정되었는데 임진왜란 7년 동안의 일을 직접 글로 써서 남겨 둔 귀한 기록입니다. 류성룡은 앞으로 전쟁이 다시 일어나게 되면 이 《징비록》을 통해 미리 전쟁을 대비할 수 있도록 그간의 전쟁 이야기를 남겨 두었다고 합니다. 조상들의 지혜와 준비로 현재의 우리가 잘살고 있는지도 모르겠어요.

계절에 따라 변하는 산사의 풍경을 느껴요

안동의 세계문화유산인 하회마을과 병산서원을 둘러봤으니, 이번에는 또 다른 세계문화유산인 봉정사로 떠나 볼까요? 안동의 서쪽인 하회마을에서 안동 중심 쪽으로 들어오다 북쪽으로 가면 봉정사로 갈 수 있어요. 봉정사는 안동 북서쪽에 있고, 주소는 경상북도 안동시 서후면 봉정사길 222입니다.

봉정사는 2018년 '산사, 한국의 산지 승원'으로 양산 통도사, 영주 부석사, 보은 법주사, 공주 마곡사, 순천 선암사, 해남 대흥사와 함께 유네스코 세계문화유산으로 등재되었어요. 봉정사는 어떻게 만들어졌을까요? 두 가지 이야기가 전해져 오고 있어요. 의상대사가 만들었다는 이야기와 의상대사의 제자인 능인대사가 만들었다는 이야기

봉정사 입구

가 그것이에요. 그중 능인대사의 이야기를 들려줄게요.

신라 문무왕 12년(672)에 능인대사는 젊은 시절을 대망산 바위굴에서 도를 닦고 있었대요. 능인대사의 도력에 감동한 선녀가 하늘에서 등불을 내려 굴 안을 환하게 밝혀 주며 산에는 '천등산'이라는 이름을 지어 주고 바위굴은 '천등굴'이라고 했어요. 그 뒤에도 수행을 계속하던 능인대사가 도력을 써서 봉황을 접어 날려 보내니 이곳에 봉황이 와서 머물렀다고 해요. 그 때문에 봉황이 머무르던 절이라는 뜻의 봉정사라는 이름을 가지게 되었답니다.

1950년에 일어난 한국 전쟁으로 대부분 사료가 사라졌기 때문에 절이 만들어진 뒤 절에 대한 기록은 전해지지 않았어요. 봉정사가 사람들의 주목을 받게 된 것은 1972년의 일이에요. 당시 봉정사 극락전을 보수하기 위해 해체를 했는데 그때 상량문에서 고려 공민왕 12년(1363)에 극락전을 중수했다는 기록이 발견되었어요. 그 때문에 봉정사 극락전이 현존하는 최고(最古)의 목조 건물로 인정받게 되었답니다.

봉정사는 극락전 외에도 통일신라 시대부터 조선 시대까지 다양한 시대별 건축 양식을 살펴볼 수 있는 절이에요. 그만큼 건축사에서도 중요한 가치를 지니지요. 봉정사에 가기 위해서는 산을 올라야 해요. 지금은 가는 길이 잘 정비되어 있고 올라가는 길이 그리 멀지 않아 어렵지 않게 올라갈 수 있어요. 입구에서 15분 정도 걸어가면 되니 꼭 도전해 보세요. 걷기 힘든 경우에는 주차장이 위쪽에도 있어 차량으로 이동해도 좋아요.

봉정사 가는 길은 계절마다 변화하는 모습을 만날 수 있는 산길이에요. 계곡도 있으니 여름에 찾아간다면 물에 잠시 발을 담그고 더위를 피해 보세요. 잠시 더위를 식힌 뒤 조금 더 올라가면 천등산 봉정사라는 글귀가 적힌 일주문이 나와요. 이 문을 통과하여 조금 더 올라가면 봉정사가 보입니다.

봉정사의 본당으로 가기 위해서는 만세루 아래로 연결된 돌길을 따라 올라가세요. 만세루를 통과하여 들어가면 봉정사의 대웅전이 여러분을 맞이해 줄 테니 여기까지 걸어온 보람이 있을 거예요. 대웅전과 극락전 등 봉정사의 건축물들을 하나씩 살펴보며 우리나라 건축물의 아름다움을 느끼는 시간을 보내 보아요.

성주 신앙의 시작점이 바로 이곳이에요

봉정사에서 시내 방향으로 차를 타고 남쪽으로 이동하면 연미사라는 절이 있어요. 이 절에는 엄청난 석불상이 있는데, 바로 '이천동 석불상'입니다. 이천동 석불상의 진짜 이름은 안동 이천동 마애여래입상이에요. 이천동 마애여래입상은 머리 부분을 따로 조각하여 거

이천동 마애여래입상

대한 암석 위에 올려 완성한 석불상이에요. 마애여래입상 주변 지역을 제비원이라고 부르는데 대표적 민요인 성주풀이에도 나와요. 성주풀이가 무엇인지 궁금하죠? 영화 〈신과 함께〉를 본 사람이라면 영화에 나온 성주신을 기억하고 있을 거예요. 성주신은 집안의 여러 신 중에서 집을 지켜주는 수호신이에요. 성주풀이에 나오는 경상도 안동 땅 제비원이 바로 이곳인 거죠. 성주풀이는 집안의 무사태평과 번영을 위해 집을 새로 짓거나 이사할 때 치르던 굿에서 부르던 노래입니다.

에라만수 에라 대신이야 대활연으로 설설이 나리소서

에라만수 에라 대신이야

성주야 성주로구나 성주 근본이 어디메뇨

경상도 안동땅에 제비원에 솔씨 받어

봄동산에 던졌더니마는 그 솔이 점점 자라나서

황장목이 되었구나 돌이 기둥이 되었네

낙락장송이 쩍 벌어졌구나

— 성주풀이 중에서

제비원이 바로 성주신의 고향인 거죠. 제비원의 솔 씨가 크게 자라서 성주목이 되는데요. 성주신은 다르게 보면 소나무 신이라고 볼 수도 있어요. 나무를 활용해서 집을 지었던 옛 풍습을 담고 있다고 할 수 있겠죠? 제비원은 이 밖에도 다양한 이야기들이 전해지고 있어요. 특히 제비원과 관련된 웹툰도 있으니 한번 찾아 읽어 보세요.

아름다운 달과 함께 다리를 건너요

안동에는 두 개의 큰 댐이 있어요. 댐은 물을 보관하기 위해 만든 시설인데, 비가 너무 많이 올 때는 빗물을 보관하여 홍수를 막아 주고, 비가 너무 적게 올 때는 그동안 모아 둔 물을 활용해서 가뭄의

피해를 줄여 줍니다. 두 개의 댐이 건설되면서 물에 잠기게 된 마을들이 있어요. 물에 잠긴 마을과 관련한 유물과 유적들은 월영교 인근으로 옮기게 되었답니다. 그래서 월영교 주변에 가면 물에 잠긴 마을에 있었던 유물과 유적 등 다양한 문화재를 만날 수 있어요. 월영교는 안동의 중심에 위치하여 안동 시내와 가까워요. 제비원에서 시내 쪽으로 오면 됩니다.

　월영교는 낙동강 안동댐 아래에 위치한 나무다리예요. 월영교(月映橋)라는 이름 그대로 달빛을 비추는 다리라는 뜻을 가지고 있어요. 다리 바닥과 난간을 모두 나무로 만든 인도교로 폭은 3.6m, 길이는

월영교 전경

387m예요. 월영교라는 이름은 안동 시민들을 대상으로 공모를 통해 뽑았어요. 안동 지역에 달과 관련된 이야기가 많고 안동댐 민속경관지에 월영대라고 적힌 바위 글씨가 있어서 월영교라고 지어졌다고 합니다. 안동댐으로 인해 수몰되었던 지역에 있던 금하재라는 정자 옆 자연 암벽에 새긴 조선 후기의 새긴 글자인 월영대를 지금의 월영교 자리에 옮기게 되면서 월곡면, 음담골이라는 지명을 참고한 것이죠. 월영교 모습은 먼저 간 남편을 위해 아내의 머리카락으로 만든 한 켤레 미투리 모양을 담고자 했다고 해요.

월영교를 건너며 주변을 둘러보는 것도 좋아요. 봄에는 아름다운 벚꽃길이, 가을에는 노란 은행나무길이 펼쳐져서 다리를 건너 한 바퀴 산책하는 것을 추천해요. 그리고 월영교 위에서 강물에 비친 달을 바라보며 정자에서 쉼을 가지는 시간을 보내 보세요.

시원한 얼음 냉장고, 석빙고를 만나러 가요

월영교 1주차장에 주차하고 월영교를 건너면 주차장 반대쪽에 산이 있어요. 이 산 위에는 댐을 만들며 수몰되었던 유적들을 옮겨 놓았어요. 그중 석빙고를 만나 볼까요?

더운 여름날 물에 얼음을 동동 띄워 마시면 더위가 싹 가시곤 합니다. 지금은 냉장고가 있지만 옛날 사람들은 얼음을 어떻게 보관했을까요? 바로 얼음을 보관하는 창고가 따로 있었대요. 기록에 따르면 얼음을 채취해 저장하는 일은 신라 때부터 있었대요. 석빙고는 얼음을 저장하기 위해 만든 창고인데 우리나라에는 북한을 포함해 6개가 남아 있어요. 안동을 비롯해 경주, 창녕, 청도, 현풍, 영산, 북한의 해주 등지에 남아 있지요. 안동 석빙고는 원래 예안면이라는 곳에 있었는데 안동댐이 건설되면서 현재의 위치로 옮겼어요. 안동 석빙고는 낙동강에서 많이 잡혔던 은어를 왕에게 진상하기 위해 조선 영조 13년(1737)에 만들어졌어요. 예안읍지에 현감 이매신이 돌로 얼음 창고를 축조하여 매년 지붕을 잇는 수고를 덜었다는 기록이 있어요.

안동 석빙고

석빙고의 형태는 동서로 흐르는 낙동강 기슭의 넓은 땅에 강줄기를 향하여 남북으로 길게 누워 있어요. 입구는 특이하게 북쪽으로, 안으로 계단을 따라 들어가면 밑바닥은 경사가 있어요. 중앙에는 물이 강으로 흘러가도록 만든 배수로도 있습니다. 천장 곳곳에는 환기 구멍을 만들어 기온을 조절한 것으로 보이는데 이 구멍은 바깥까지 연결되어 있습니다. 전체적으로 규모가 크지 않지만, 보존이 잘 되어 있어 옛 석빙고의 모습을 자세히 볼 수 있어요.

　석빙고를 본 뒤에 길을 따라 올라가다 보면 수몰되어 옮겨진 또 다른 유적인 선성현 객사에 도착해요. 객사는 조선 시대에 각 고을에 설치하여 중국 사신 등을 묵게 했던 숙소예요. 선성현 객사는 조선 숙종 38년에 예안 현감이었던 김성유가 고쳐 지은 건물로, 조선 시대 객사의 특징을 잘 보여 주고 있어요. 객사 중앙에는 정당이 있는데 초하루와 보름에 전패를 모셔 두고 궁궐을 향해 절을 했다고 해요. 양쪽에 있는 건물은 사신이나 관리들이 오면 숙소로 사용했던 곳입니다. 정면 5칸, 옆면 3칸이며 정당의 지붕은 양쪽에 붙어 있는 건물보다 다소 높아요. 양쪽에 있는 객사는 정면 3칸, 옆면 3칸으로 모두 6칸의 대청에 1칸씩의 툇마루가 있었어요. 안동댐 건설로 1976년에 도산면 서부리에 있던 것을 현재의 위치로 옮겨 왔어요. 선성현 객사를 둘러보고 길을 따라가면 민속박물관으로 갈 수 있어요. 민속박물관에는 수몰되었던 가옥들이 옮겨져서 다양한 형태의 가옥을 살펴볼 수 있답니다.

가족이 함께 독립운동에 힘을 썼어요

월영교에서 안동 구시가지 방향으로 나오는 길에 오래된 종택이 있는데 바로 임청각이랍니다. 임청각은 독립운동가를 많이 배출한 고성 이씨의 종택이에요. 독립운동 자금을 마련하기 위해 초대 국무령이었던 석주 이상룡 선생이 집을 팔았던 곳이지요. 일제 강점기에 철도 공사를 하면서 원래의 모습과는 다른 모습을 하게 되었어요. 지금은 다시 공사를 통해 예전 모습을 찾으려 하고 있어요. 임청각

임청각

앞에는 낙동강의 상류인 낙강이 흐르고 있어요. 현재는 안동댐으로 수량이 조절되는 곳이기도 해요. 500년의 오랜 역사를 가진 임청각은 우리나라에 존재하는 살림집 중에서 가장 큰 규모라고 합니다. 조선 세종 때 영의정을 지낸 이원의 여섯째 아들인 '영산현감 이증'이라는 분이 터를 잡았다고 해요. 이중환의 《택리지》에 따르면 임청각은 귀래정 영호루와 함께 고을 안에서 명승이라는 이야기가 전해지고 있어요. 임청각은 원래 99칸의 집이었다고 하는데 현재 70여 칸만 남아 있어요. 임청각의 별당인 군자정은 목조 건물로 보기 드물게 임진왜란을 겪은 오래된 건물이에요. 임청각의 현판은 퇴계 이황의 친필로 알려져 있어요. 얼른 임청각의 공사가 마무리되어 옛 모습을 보고 싶네요.

독특한 탑, 전탑을 만나요

우리나라에는 다양한 탑들이 있어요. 그중 벽돌을 쌓아 만든 탑이 바로 전탑입니다. 현재 남아 있는 전탑 중 3개가 안동에 남아 있습니다. 전탑은 주로 통일신라 시대에 만들어졌다고 해요.

신세동 5층 전탑은 임청각 옆 고성 이씨 종택 앞쪽에 위치해요. 몇 해 전 복원 사업을 해서 복원이 완료되었어요. 안타깝게도 일제 강점기 시절 놓은 철길로 인해 탑이 기울어졌다고 해요. 탑을 자세히 보면 시멘트로 보수한 곳도 있어 탑이 세월을 이겨 내기까지 많은 고통을 받았을 것 같아요.

운흥동 5층 전탑은 옛 안동역 뒤편에 있어요. 너른 들판에 전탑과 당간지주만 남아 있습니다. 이곳은 법림사라는 절이 있던 곳이에요. 지금은 절이 사라져 예전 모습 중 일부를 볼 수 있습니다. 기록에는 7층 전탑이었지만 지금은 5층만 남아 있고 탑의 상륜부는 분실되었어요.

조탑동 5층 전탑은 큰 규모의 전탑이에요. 조탑동은 권정생 작가

운흥동 5층 전탑

신세동 법흥사지 7층 전탑

가 살던 마을이기도 해요. 지금은 보수를 위해 해체한 상태이지만 나중에 복원하면 엄청나게 멋진 전탑을 볼 수 있을 거예요.

안동 3대 성씨의 정체성을 담고 있어요

안동의 3대 성씨를 알고 있나요? 힌트는 안동의 이름이 지어질 때에 언급된 인물들을 떠올려 보세요. 주변에서 권씨 성을 가진 친구들 만나면 안동 권씨인 경우가 많을 거예요. 태사묘는 안동의 3대 성씨인 안동 김씨, 안동 권씨, 안동 장씨의 선조인 김선평, 권행, 장정필의 위패를 모시고 있는 곳이에요. 안동 3대 성씨의 조상들은 고려 태조 왕건이 후백제의 견훤과 싸울 때 큰 도움을 주었다고 했지요?

태사묘

그로부터 1,000년이 넘도록 위패를 모시고 제사도 지내고 있다고 해요. 고려 시대에 하사받은 보물도 태사묘에 보관하고 있다가 지금은 보존을 위해 한국국학진흥원으로 옮겼어요. 보물 외에도 태사묘의 건물들이 안동을 상징하는 중요한 유물로 남아 있어요.

아름다운 동화로 세상을 바꾼 작가 권정생

안동 시내를 지나 남쪽으로 내려오면 권정생 작가의 생가와 문학관이 있어요. 《강아지똥》, 《엄마 까투리》, 《몽실언니》 등 수많은 동화들을 남긴 권정생 작가를 알고 있나요? 권정생은 일본 제국의 도쿄 빈민가에서 태어나 자라다가 해방 이듬해인 1946년에 경상북도 청송군으로 귀국했고 이후 안동에서 지내게 됩니다. 안동에 권정생 작가가 살던 옛집이 남아 있어요.

작가는 안동 남쪽에 있는 일직면 조탑리에 살면서, 동네에 있는 일직교회에서 종지기로 일하며 동화와 소설을 썼답니다. 일직교회는 아직도 많은 사람이 찾아와 교회도 구경하고 예배도 드리고 있어요. 조탑리에 도착하면 가장 먼저 반겨 주는 것이 바로 큰 탑 위에 있는 십자가일 거예요. 일직교회 바로 옆에 작가의 대표 작품이라고 할 수 있는 《몽실언니》가 탄생한 컨테이너도 있어요. 교회에서 나와 남쪽으로 조금 걸어가다 나오는 작은 다리를 건너가면 권정생 작가가

권정생 생가

살던 집까지 갈 수 있는 길이 나옵니다. 이 길은 그림책 《강아지똥》을 본 사람이라면 익숙할 거예요. 책 속에서 강아지가 똥을 눈 곳의 담이 이곳이랍니다. 길을 따라가다 보면 조그마한 집이 보이는데 유명한 작품을 써 낸 작가의 집이라고 하기엔 아주 작고 소박하다는 걸 알 수 있을 거예요. 작가는 이 작은 집에서 평생을 살다가 병으로 세상을 떠났습니다. 살아 있을 적에 작가가 즐겨 찾던 곳, 바로 빌뱅이라는 언덕이에요. 저는 이 언덕 위에 올라가 보면 마을을 바라보던 작가가 떠오르곤 해요. 시골의 작고 초라한 집에 살면서도 어린이와 세계 평화를 생각했던 작가 권정생. 그의 생애를 더 잘 알고 싶다면 가까운 곳에 있는 '권정생 동화 나라'에 가 보세요. 작품과 작품 속 캐릭터들도 자세히 살펴볼 수 있는 공간입니다.

종교와 민속 신앙 화합의 장 안동종교타운에 가요

안동에는 다른 곳에는 보기 어려운 곳이 하나 있어요. 바로 안동종교타운입니다. 불교, 천주교, 유교, 기독교, 성덕도 등 우리나라의 예부터 전해지는 민속 신앙과 종교들이 모여 있어요. 종교 문화를 한 번에 만날 수 있는 특별한 공간입니다. 안동을 찾는 종교인들과 관광객들에게 특별한 순례의 장소가 되길 염원하며 만들었다고 해요. 안동의 옛 시가지에 위치해 안동의 옛 모습을 탐방하고 싶을 때 찾아오면 좋은 곳이에요.

퇴계 이황의 덕을 기리는 도산서원

지갑을 한번 볼까요? 다양한 금액의 지폐들이 있을 거예요. 지폐에 그려진 인물들은 우리나라 역사적으로 업적이 뛰어나 우리나라를 대표할 만한 인물들이 아주 섬세하게 그려져 있어요. 1975년에 처음 발행된 천 원권 지폐에는 누가 그려져 있을까요?

바로 퇴계 이황이에요. 얼마나 큰 업적을 남겼기에 지폐의 모델이 되었을까요? 다음으로 찾아갈 곳은 바로 이 퇴계 이황의 학문과 덕을 기리고 추모하기 위해 지어진 도산서원입니다. 도산서원은 퇴계의 생전 모습을 따라 서원의 건물들을 전체적으로 간결하고 검소하게 꾸며졌어요. 퇴계의 품격과 학문을 공부하는 선비들의 자세를 잘 반영하고 있는 공간이에요. 앞서 말한 병산서원과 함께 2019년에 한국의 서원으로 세계문화유산에 등재되었어요. 병산서원과는 또 다른 모습을 볼 수 있는 공간이라 서원의 다른 매력을 볼 수 있는 기회가 될 거예요. 산길을 넘어 도산서원에 도착한 후 입구에서 서원까지 다시 5분 정도 가면 강이 보일 거예요. 강 중간에는 시사단이 있는데 바로 과거 시험을 보던 장소지요.

도산서원은 크게 도산서당과 이를 아우르는 도산서원으로 구분되

도산서원

는데 도산서당은 생전 퇴계 이황이 강학하던 공간이에요. 강학 공간인 강당이 앞쪽에 배치되어 있고 제사 공간은 뒤쪽에 있는 전형적인 서원의 모습을 하고 있어요. 후대의 많은 서원이 이를 참고했다고 합니다.

독립운동을 위해 힘쓴 이육사의 삶을 알아보아요

청포도 하면 떠오르는 시가 있어요. "내 고장 칠월은 청포도가 익어가는 시절"로 시작하는 이육사의 〈청포도〉라는 시입니다. 안동에는 석주 이상룡 등 많은 독립운동가가 있어요. 그중 일제 강점기에 시인이자 독립운동가로 활동했던 이육사 선생 또한 안동에서 태어나 독립운동을 했던 사람입니다. 육사는 호이고 실제 이름은 이원록입니다. 그런데 왜 호를 육사라고 지었을까요? 이육사 시인이 대구 형무소에서 3년간 형을 받았을 때 수인번호가 264번이어서 그렇게 지었다고 합니다. 이육사는 암울했던 일제 강점기 시절을 극복하려 독립운동을 하면서 저항적인 시를 발표했어요. 해방되는 걸 보면 누구보다 기뻐했을 테지만 아쉽게도 우리나라의 독립을 보지 못하고 돌아가셨어요. 이육사 시인의 생가와 더불어 생애와 작품이 전시된 이육사 문학관도 꼭 들러 보세요. 생전에 시인이 쓴 시들과 함께 어떻게 독립운동했는지 살펴볼 수 있습니다.

  이렇게 안동은 전통문화도 즐기고 독립운동가도 만날 수 있는 유서 깊은 고장이에요. 꼭 시간을 내어 안동을 방문해 보세요.

6
강민들레

전북 전주

호남의 중심지이자 책의 도시로 떠나는
하루 답사

전북 전주 하루 답사 경로

▶ 연화정도서관 ▶ 오목대와 이목대 ▶ 전주향교 ▶ 경기전
▶ 전동성당 ▶ 풍남문 ▶ 전라감영 ▶ 풍패지관

전통과 문화가 어우러진 도시, 전주

전주 하면 무엇이 떠오르나요? 한옥마을, 전주비빔밥, 전동성당 등이 생각나지는 않나요? 잘 아는 것 같지만 다 아는 것은 아닌 전주는 호남의 중심지로 먹거리와 볼거리가 풍부한 고장이에요. 이번 장에서는 전주의 숨은 명소들을 소개해 드릴게요.

전주(全州)라는 이름의 한자는 온전한 고을이라는 의미를 지니고 있어요. 백제 시대에는 '완산'이라고 부르다가 신라 신문왕 5년에 전주라 개칭하였다고 해요. 완산의 완과 전주의 전 모두 '온전하다'라는 뜻을 지닌 글자예요. 온 겨레가 온 뜻을 모아 온 힘을 합하여 거친 바다의 풍파를 헤쳐 온전하고 흠이 없으며, 그리고 모든 것이 갖추어진 나라를 세우자는 이상이 담겨 있는 이름이라고 할 수 있어요.

고려 태조 왕건이 후백제를 멸망시킨 뒤에 백제 유민들을 경계해 수도였던 전주에 당나라 군사 행정 제도인 도호부제를 본따 안남 도호부를 설치했어요. 안남 도호부는 여기저기 옮겨 다니다가 폐지되었어요. 전주는 고려 공민왕 때에 원나라 사신을 가둔 일로 부곡으로 강등되는 일도 있었습니다.

조선 시대에는 태조 이성계, 곧 전주 이씨의 본관이 전주이므로 태조 1년인 1392년 고려 시대의 전주목을 완산부로 승격시켰다가 태종 3년인 1403년에 다시 전주부로 이름을 바꿨습니다.

현재 전라북도의 도청 소재지이기도 한 전주는 큰 비 피해를 겪지 않는 지형적인 구조이며, 의식주가 넉넉해 사람들 인심이 좋고, 전통과 문화가 어우러져 아름다운 고장이에요. 이제부터 아름다운 전주를 함께 탐험해 보아요!

오래된 철교가 한옥 도서관으로 변신했어요

전주까지 기차를 타고 오면 한옥으로 지어진 전주역에서 내리게 됩니다. 고속버스를 타고 전주 톨게이트를 지나면 호남제일문을 지나는데, 이 또한 멋진 한옥의 형태를 하고 있지요. 누군가와 함께 전주를 여행하기로 했는데 먼저 도착했다면 연화정도서관에서 기다리세요. 전주역에서도 가깝고 근처에 카페와 식당도 있어서 요기를 하거나 간단히 음료를 마시기에도 적당해요.

연화정도서관은 우리나라에 몇 개 없는 한옥 도서관이에요. 이

도서관이 있는 전주덕진공원에는 오래된 철교가 있었는데 낡고 위험해서 헐고 새로 연못 사잇길을 만들면서 2022년 6월 2일에 한옥 도서관으로 완공되었어요. 오전 10시에 열고 저녁 7시에 문을 닫는 동안 도서관 건물인 연화당에서는 점, 선, 면, 그리고 여백을 주제로 총 1,852권의 책을 열람할 수 있어요. '점(찍다)' 주제 책장에서는 전주를 소개하는 책과 전주의 아름다움을 담은 문학책을 볼 수 있어요. '선(잇다)' 책장에서는 한옥, 한복, 한식, 전통공예 등 한국의 전통문화를 다룬 책을 볼 수 있어요. '면(채우다)' 책장에서는 BTS 등 K-컬처(신한류)를 다룬 책과 세계에서 주목받는 우리나라 책들, 한

연화정도서관

국 문화를 소개하는 원서들이 있어요. '그리고(…)' 책장에는 함께 읽고 소통할 수 있는 한국적인 그림들이 있어요. '여백' 책장에는 우리 고유의 정서를 표현한 사진집, 디자인 서적 등 아트북이 있어요. 자유롭게 열람은 가능하지만 일반 도서관처럼 대출은 할 수 없는 곳이랍니다.

문화 공간 및 쉼터의 역할을 하는 연화루에서는 공연 관람이나 휴식을 취할 수도 있지요. 7월쯤 피는 연꽃을 보신 적이 있나요? 은은한 연꽃 향기를 맡으면서 아름다운 연꽃 풍경을 도서관 창문 가득 볼 수 있어요. 위를 올려다보면 반자틀을 우물 정(井)자 모양으로 짜 만든 도서관의 우물천장이 보여요. 이는 궁궐이나 사찰에서 볼 수 있는데 드물게 민간에서 사용하기도 하죠. 연화정의 우물천장은 단청을 하지 않아 더욱 소박하고 아름다워요.

바로 옆에 숲놀이터도 있어서 책을 읽다가 잠시 놀기에도 좋아요. 시원한 나무그늘에 있는 그물침대에 누워 놀다 보면 늦게 도착하는 일행과도 금세 만나겠지요. 밤에 공원 옆 언덕 위에서 내려다보는 도서관 풍경도 아주 환상적이랍니다.

전주는 책의 도시라고도 합니다. 전국에 하나밖에 없는 도서관 여행 프로그램을 운영하고 있는데 전주시립도서관에서 신청하면 참여할 수 있어요. 다양한 도서관을 전용 버스로 둘러보는 이색적인 프

연화정도서관 내부

연화정도서관 옆 숲놀이터

전주 한옥마을

로그램으로 매주 토요일, 매월 마지막 주 금요일 1회 운영합니다. 전주시청에 있는 책기둥도서관, 화산체육관에 있는 꽃심도서관, 학산시집도서관, 첫마중길여행자도서관, 연화정도서관, 서학예술마을도서관, 한옥마을도서관, 동문헌책도서관, 이팝나무그림책도서관을 두루 볼 수 있어요. 구석구석 하루코스, 쉬엄쉬엄 반일코스, 야간코스 중 선택할 수 있어요. 반려 식물에 관심이 많다면 2023년 7월에 문을 연 전주정원문화센터 안에 있는 정원도서관도 추천합니다. 전주에는 정말 특색 있는 도서관이 많죠? 책의 도시라고 부를 만하지요.

풍남문 아니 풍냥문을 찾아라!

풍냥문은 어떤 문일까요?

공영 주차장을 나오면 오른쪽에 '풍냥문'이라는 길고양이 급식소가 있어요. '풍남문'을 본 따서 전주시에서 2019년에 만들었는데, 전주시청에도 설치되어 있어요. 안을 들여다보면 가끔 길고양이가 한 마리가 들어가서 사료와 물을 먹고 있어요. 전주 고양이들은 왕조의 본향답게 따뜻한 겨울을 보낼 수 있도록 대접을 받고 살고 있어요. 길고양이 급식소는 완산구청, 전주교대, 전북대학교 등 사람들이 많이 오가는 곳에 더 설치되어 있어요. 관리는 자원봉사팀 해피나  비프렌즈와 동물복지단체, 대학생 동아리 회원, 지역 캣맘들이 하고 있어요. 그들과 연계해서 고양이 중성화수술도 하고 있대요. 사람과 동물이 평화롭게 공존하는 모습을 보니 길고양이들이 처음 보는 사람도 무서워하지 않고 다가오는 이유를 알 것 같아요.

연화정도서관 북쪽 주차장에서 차를 타면 한옥마을까지는 11분 정도 걸려요. 주차는 한옥마을 제1주차장에 하시면 편리하답니다.

오목대와 이목대, 조선의 씨앗이 싹튼 곳이에요

한옥마을 공영 주차장에서 나와서 길가의 아기자기한 상점들을 지나 야트막한 언덕 위로 계단을 오르면 오목대에 오를 수 있어요. 계단 중간쯤에서 한옥마을을 내려다보면 사진 찍기 정말 예쁜 한옥 지붕들을 볼 수 있습니다. 다 오르면 바람이 시원해서 부채가 필요 없을 정도예요. 오목대는 조선을 세운 태조 이성계가 고려 우왕 6년에 남원 황산에서 왜구를 토벌하고 돌아가는 길에 일가친지들을 모시고 연회를 벌인 곳이지요. 이곳에서 이성계가 한나라를 세운 유방이 불렀다는 대풍가를 읊었대요.

큰 바람 일어나니
구름이 날아 흩어진다
기세를 온누리에 떨치고
고향으로 돌아가느니
어찌하면 날랜 장수를 얻어
천하를 지킬까?

나라를 세우겠다는 야심을 넌지시 비치자 이를 들은 종사관 정몽주가 남고산성 만경대에 올라 비분강개한 마음을 시로 읊었다고 해요. 전라도 관찰사 권적이 영조 18년(1742) 만경대 바위에 새긴 것이 아직도 전해지고 있어요.

구월 소슬바람에 나그네 시름 깊고
백년 호탕한 기운을 서생은 그르쳤네
하늘가 해는 기울고 뜬구름 모이는데
하염없이 고개 들어 송도만 바라본다

황산대첩은 고려 우왕 6년에 왜구들이 500척의 배를 타고 금강 어귀 진포(지금의 전라도 옥구)에 침입하여 약탈을 자행했던 전투에서 크게 이긴 일을 말해요. 화약 무기를 개발한 최무선은 화포를 사용하여 왜놈들의 배들을 불태우고 대승을 거두었어요. 왜구들은 퇴로가 막히자 지리산 일대로 모여들었어요. 이성계는 충청, 전라, 경상 3도 도순찰사가 되어 이두란과 함께 남원 운봉 황산에서 왜장 소년 장수 아지발도를 활을 쏘아 죽이고 대승을 거두었지요. 당시 왜구의 수가 10배나 많았으나, 살아남은 왜구는 겨우 70명이었고, 이때 노획한 말만 1,600여 필이었다고 해요. 전쟁에서 승리를 거듭하고 조

오목대(전라북도 기념물 제16호)

선을 못살게 괴롭히는 왜구를 무찌르자 인기가 많았지만 신하들과 임금은 경계했어요. 지금처럼 SNS가 발달했다면 승전 소식에 이성계 장군의 계정에 구독자 수가 급증하고 백성들이 엄청난 좋아요 버튼을 누르지 않았을까요?

너른 마당 한가운데 누각은 무엇일까요? 고종 37년(1900)에 고종황제가 친필로 쓴 태조고황제주필유지가 새겨진 비가 세워져 있어요. 나라가 위태로워지자 고종은 국조에 대한 의미를 굳건히 하고 싶었던 것 같아요.

이목대는 육교를 건너 70m 정도 가면 나오는데 이성계의 시조

이한*과 이안사** 등 가족이 여러 대에 걸쳐 살았던 곳이에요. 이에 대한 내용은 《용비어천가》에도 묘사되어 있습니다. 이성계의 고조부 목조대왕 이안사가 태어나 20대 초반까지 살았던 곳이에요. 지금은 교동 자만벽화마을이라고 부르지만 옛 이름은 자만동이었어요. 이안사는 호랑이와 싸웠다는 설화가 전해 내려오고 있지요. 계속 전주에 살지 않고 이사한 이유는 무엇이었을까요?

이안사가 좋아한 기생을 그 고을 별감이 취한 일 때문에 별감에게 따졌고 싸움까지 일어났어요. 그 별감은 현감과 알고 지내는 사이였는데 현감은 이 문제를 도지사급이었던 안렴사에게 알리는 바람에 이안사는 투옥될 위기에 처했지요. 당시는 몽골과 전쟁을 치르는 혹독한 전란기라 호족들은 스스로 집안과 재산, 목숨을 지키기 위해 개인 병사인 가병을 거느리곤 했는데 이 때문에 안렴사가 직접 체포하지 못하고 조정에 구원병을 요청했어요. 이를 알게 된 이안사

- 이한(李翰, ? ~ 754년?)은 전주 이씨의 시조(始祖)입니다. 《선원계보》에 따르면 신라 말기 사공(司空)을 지냈다고 해요.
- 목조(穆祖, ? ~ 1274년)는 고려의 문신으로, 조선 시대 추존왕이자 익조의 아버지이며, 조선의 추존왕 도조의 조부, 조선의 추존왕인 환조 증조부이고, 태조 이성계의 고조부입니다.

는 그를 따르는 백성들을 데리고 강원도 삼척으로 떠났다고 해요. 그 후 이안사는 의주(함경남도 원산)에 정착해 살았지요.

가을 은행잎이 노랗게 물들면 전주향교로 오세요

향교는 지금의 중고등학교에 해당하는 관학으로, 성리학을 배우

전주향교 은행나무

는 곳을 말해요. 공자 등의 위패를 모시는 배향 공간과 학생들을 강습하는 학교 공간인 강학 공간으로 나누지요. 조선 시대에는 전국 모든 군현에 향교를 설립했어요. 전주향교의 대성전과 명륜당 앞뜰에 400년이 넘었다는 은행나무가 각각 두 그루씩 있어요. 은행나무에는 벌레가 안 꼬이듯 공부를 하는 유생들도 건전하게 자라서 바른 사람이 되라는 의미를 담아 심은 것이라고 해요. 옆으로 가지가 많이 늘어진 것은 암나무이고, 위로 꼿꼿이 서 있고 아래로 오목하게 붓 모양을 하고 있는 것은 수나무예요. 가을에 노랗게 물든 전주향교의 은행잎이 특히 아름다워요. 최고의 절정은 바람에 은행잎 비가 우수수 쏟아져 내릴 때랍니다. 시기를 잘 맞춰서 향교에서의 추억 사진을 꼭 남겨 보세요.

경기전에서 임금님의 얼굴과 비밀 일기를 보아요

조선 시대에는 임금님의 얼굴을 감히 올려다볼 수 없었어요. 임금님이 행차하면 일반 백성들은 땅에 엎드려 고개를 조아렸지요. 하지만 경기전에서는 임금님과 눈맞춤 하고 주름살 하나, 점 하나까지 자세히 들여다볼 수 있어요. 경기전은 '경사스러운 터'라는 뜻으로 조선을 건국한 이성계의 초상화인 어진을 모신 곳이거든요. 하나뿐인 태조의 어진 진본이 어진박물관에 보관되어 있어요. 다른 왕들의 어

전주사고 실록각

진도 모셔져 있고요. 이성계의 어진이 한양(서울)에 있지 않고 전주에 있는 이유는 무엇일까요? 이성계의 본향이 전주이기 때문이지요.

경기전 입구에는 하마비가 있는데 왜 세워 놓은 걸까요? 계급의 높고 낮음, 신분의 귀천을 떠나 모두 말에서 내리고, 잡인들의 출입을 금한다는 뜻이에요. 비석을 받치고 있는 영물이 암수로 쌍을 이루고 있어요. 사나운 송곳니를 보이는 것이 수컷, 엉덩이가 풍만한 것이 암컷이래요.

이 밖에도 경기전에는 세 가지 동물이 숨어 있어요. 화재에 취약한 목조 건물이라 불조심과 장수를 의미하는 거북이와, 물을 다스리는 물의 신인 용의 머리, 천장에 숨어 있는 박쥐를 찾아보세요. 박쥐는 영원한 복을 상징한다고 해요.

경기전 안쪽에는 전주사고가 있어요. 국가의 중요한 서적을 보관하던 창고가 서고이지요. 우리나라는 고려 시대부터 춘추관과 예문관을 상설하고 사관을 두어 날마다 왕을 따라다니면서 왕과 주변 관료들이 하는 말과 행동을 빠짐없이 기록했어요. 왕의 일기를 쓴 것이지요. 일기는 직접 쓰는 것 아니냐구요? 아마 왕이 썼으면 잘못하고 불리한 것은 빼고 잘한 일만 쓰지 않았을까요? 왕의 일기는 왕은 읽을 수 없는 비밀 일기였어요.

초초와 중초 때문에 나중에 문제가 생김을 막고자 아예 물에 씻

편찬의 초고를 없애는 세초 작업하는 모습

어서 새 종이로 만들어 버리는 것을 세초라고 해요. 그래서 비밀이 절대 새어 나갈 수 없었지요. 이렇게 완벽하게 물에 글자들을 씻어서 지워 버리면 진정한 실록편찬의 '책거리'라고 할 수 있어요.

사고는 이렇듯 비밀스런 조선왕조실록을 보관한 곳으로 임진왜란 때 다른 실록은 모두 소실되고, 오직 전주사고의 실록만이 병화를 면할 수 있었어요. 정말 다행이지요? 전주사고까지 불타 없어졌다면 우리는 대하드라마나 사극을 지금처럼 자세히 볼 수 없을지도 몰라요. 손홍록, 안의 등이 실록을 정읍 내장산 용굴암에 옮겨 지켰기 때문에 가능한 일일 거예요. 경기전에 있는 실록각은 1597년 정유재란 때 소실되었는데 1991년에 복원하였어요. 실록은 국보 제151호이자 1997년에 유네스코 세계기록문화유산으로 지정된 소중한 기록 유

태조 이성계 어진

산이에요.

경기전 가장 안쪽에 있는 어진 박물관은 태조 어진 전주봉안 600주년을 맞이해 2010년 11월 6일에 개관했어요. 보물 제931호인 태조 어진을 봉안할 때 사용된 각종 가마유물과 경기전 관련 유물들이 함께 전시되어 있어요. 새로 모사한 세종, 영조, 정조, 철종, 고종, 순종 등 일곱 임금의 어진도 볼 수 있어요. 이중 세종과 정조의 어진은 상상해서 그린 것이고, 고종과 순종의 어진은 사진을 보고 모사한 것이에요. 태조 어진은 현존하는 유일한 어진이에요. 청룡포를 입고 있는데 푸른색은 시작을 의미해요. 키가 크고, 몸이 곧바르며, 귀가 매우 컸다는 태조 이성계의 특징이 잘 그려져 있어요. 전시관에 해설이 있는 왕의 행렬 '어진반차도' 모형과 영상을 보면서 많이 걸어서 아픈 다리를 잠시 쉬는 것도 좋아요.

전동성당에서는 성당 뒤쪽도 꼭 둘러보세요

경기전 바로 앞에는 천주교 전주교구 전동성당이 있어요. 1791년

전주 전동성당

신해박해 때 최초의 순교자인 윤지충 바오로를 비롯하여 많은 가톨릭 신자가 순교한 자리예요. 19세기 말에 기독교 신앙이 허용되면서 1891년 보두네 신부가 현재의 위치에 있던 민가를 사들여 본당으로 삼았어요. 동학농민운동으로 신자가 급증하여 1908년 프와넬 신부의 설계로 성당이 착공되었고 1931년에 완공되었어요. 1988년에는 원인 불명의 화재가 나서 성당의 일부가 불에 타는 일도 겪었어요. 보통 앞에서 사진만 찍고 가곤 하는데 꼭 건물의 옆과 뒤도 한 바퀴 돌아보기를 권해요. 전동성당의 색다른 매력을 발견할 수 있을 거예요.

풍남문은 전주의 숭례문

풍남문은 '풍패의 남쪽이라는 뜻'으로 조선 시대 관찰사의 소재지였던 전주를 둘러싼 전주읍성 성곽의 남쪽 출입문이었어요. 풍패는 한나라 고조 유방이 태어난 곳으로 조선 왕조의 발원지인 전주를 그곳에 비유한 것이지요. 동서남북에 각각 문이 있어 동문은 완동문, 서문은 패서문, 남문은 풍남문, 북문은 공북문이라고 불렸어요. 전주성은 고려 공양왕 원년(1388)에 도관찰사 최유경이 처음 축조하였으나 정유재란 때 소실되었어요. 이후 조현명이 성을 개축하고 사문을 쌓았으나 1767년(영조 43년) 전주에 큰 불이 나서 민가

전주 풍남문

풍패지관

1,000여 호와 전주성의 모루가 모두 불탔어요. 이때 소실된 것을 1768년 전라감사 홍낙인이 다시 세웠고 현재는 보물 제308호로 지정되었어요.

전라감영이 복원되었어요

조선 시대 전라도는 현재의 전라남도, 전북특별자치도, 광주광역

전라감영

시, 제주특별자치도를 관할하던 중심 행정 구역이었어요. 2015년 구 도청사 철거를 시작하여 2020년 10월에 1단계 완공 후 문을 열었어요. 평양감영 다음으로 규모가 컸고, 충청감영, 경상감영과는 달리 조선 왕조 500년 동안 옮기지 않고 한자리에 있었대요. 전라감영은 행정, 사법, 군사의 최고 책임자인 관찰사가 머물면서 통치하던 곳이에요. 오늘날의 도청, 법원, 경찰서의 역할을 한 곳에서 수행한 것이지요. 감찰사는 위로는 왕의 지휘와 명령을 받고, 아래로는 전라도 56개 군, 현의 수령들을 지휘하고 통솔했어요. 동학농민혁명의 시기에는 봉건정부와 동학농민군 사이에 역사적인 전주화약을 체결한 곳이기도 하고 집강소의 총본부인 감영대도소의 역할을 한 곳이에요. 폐정개혁안 12개조의 내용은 지금 보아도 파격적이었어요.

1. 동학교도와 정부는 쌓인 원한을 씻고 서정에 협력한다.
2. 탐관오리는 그 죄목을 조사하여 엄징한다.
3. 횡포한 부호를 엄징한다.
4. 불량한 유림과 양반의 무리를 징벌한다.
5. 노비문서는 소각한다.
6. 칠반천인의 차별을 개선하고 백정의 평량갓을 없앤다.
7. 청상과부는 개가를 허용한다.

8. 무명의 잡세는 일체 폐지한다.

9. 관리채용은 지벌을 타파하고 인재를 등용한다.

10. 왜와 내통하는 자는 엄징한다.

11. 공사채를 막론하고 기왕의 것을 무효로 한다.

12. 토지는 평균하여 분작한다.

557명의 전라감사가 거쳐 갔고, 총 41동의 건물이 있었어요. 그중 동편 선화당, 내아, 관풍각, 비장청, 연신당, 내삼문이 2020년에 복원되었어요. 선화당에 올라가서는 전라감사가 앉아서 직부를 보던 의자에 앉아서 사진을 찍을 수 있고, 동편 관람실에서는 삼면의 벽 전체에 전라감영의 옛 모습을 디지털 영상으로 감상할 수 있어요. 전라감영의 서편 복원은 차차 진행될 예정이라고 해요. 복원 전 전라북도 도청이 있을 때부터 복원 과정까지 모든 것을 지켜본 존재는 누구일까요? 연신당 뒤쪽에 있는 200년 된 회화나무를 꼭 찾아보세요.

객사 풍패지관(豊沛之館) 현판의 비밀이 밝혀졌어요

지역을 방문한 사신들의 숙소이자 왕을 위한 의례 망궐례˙를 지냈던 곳이에요. 조선 시대는 왕권 강화와 유교적 도리를 중요하게 생각한 때였지요. 유난히 큰 글씨의 현판은 누가 쓴 것인지 모르고 있다가 향토학자가 '전주읍지'에서 주지번이 썼다는 것을 찾았어요. 풍패(豊沛)는 한고조 유방의 고향이라서 왕의 고향이라는 뜻이라고 해요. 그는 익산에 사는 표옹(瓢翁, 표주박 할아버지) 송영구(1556~1620)에게 은혜를 입어 명나라에서 만나러 온 것이었어요.

《진천송씨 양세실록》에는 두 사람의 첫 만남이 자세히 기록되어 있어요. 송영구는 선조 17년에 과거 시험에 합격하였고, 1592년 임진왜란이 일어난 그 이듬해에 정철이 중국 명나라에 사신으로 갈 때 기록관인 서장관으로 북경에 함께 갔어요. 그가 객관에 머무를 때 숙소에 있던 일꾼이 허드렛일을 하면서 어려운 장자의 시〈남화경〉을 외우는 소리를 들었어요.

그는 남경 사람으로 여러 차례 과거시험에 낙방하여 다음 시험을 기다리고 있었어요. 집안 친척들이 모아 준 돈을 모두 써서 돈이 없어지자 일꾼으로 일하면서 공부를 계속하고 있었지요. 송영구는 그가 뜻을 알고 있는지 물어보았어요.

각 고을 객사에 임금과 궁궐을 상징하는 '전(殿)'자나 궐(闕)'자를 새긴 패를 만들어 예를 올리던 의식을 말해요.

아침의 하루살이는 그믐과 초승을 알지 못하고
쓰르라미와 저녁매미는 봄과 가을을 알지 못하니
인생이란 찰나에 지나지 않는구나.

이렇게 술술 말하는 거예요. 글씨를 써 보라고 하니 기대 이상으로 잘 쓰는데 형식에서 조금 아쉬운 점이 있었어요. 그래서 송영구는 부족한 부분을 가르쳐 주고 노잣돈을 털어 학비와 책도 선물해 주었어요.

그로부터 2년 후 주지번은 과거에 합격했고, 그로부터 10년 뒤에 주지번은 조선에 사신으로 왔어요. 성품이 너그럽고 겸손했으며 우리나라에 대해 매우 우호적이었대요. 당시 주지번은 허균과 좋은 친구가 되었는데 그의 누이 허난설헌의 시를 중국에 가져가서 출판하도록 부탁하기도 했어요. 하지만 만나고 싶은 송영구는 죽었다는 소식만 들렸어요. 그 말을 믿지 못한 주지번은 말 한 필과 하인 한 명만 구해 전주객사를 들러 익산 왕궁 송영구의 집으로 향했던 것이지요. 송영구는 당쟁의 여파로 평양 근처에서 지내고 있어서 만나지는 못했어요. 대신 돌아가신 어머니를 그리워하며 지은 누각에 망모당이라는 편액을 남기고, 선물로 수십 권의 책을 놓고 갔어요. 풍수에도 조예가 깊었던 주지번은 직접 주변의 산세를 돌아보고 은인의 묫자리를 봐 놓고 갔지요. 주지번이 명나라로 돌아간 후 1년 뒤 송영구는 관직을 버리고 고향으로 돌아왔어요.

그 후 20년 만에 주지번과 송영구는 명나라에서 다시 만났어요. 돌아가신 뒤에는 주지번이 봐 놓았던 묫자리에 묻혔대요. 국경을 초월한 아름다운 우정이지요.

벌써 전주 하루 답사를 끝낼 시간이에요. 이제 슬슬 배가 고파지네요. 근처 유명한 전주비빔밥을 먹으러 가 볼까요? 전주는 맛의 도시이니 아무데나 들어가도 다 맛있을 거예요.

강원 영월

단종과 김삿갓의 도시로 떠나는
하루 답사

강원 영월 하루 답사 경로

청령포 ▶ 영월관광센터 ▶ 관풍헌 ▶ 장릉

옳은 것을 지키기 위해 노력했던 사람들의 고장, 영월로 떠나요

 조선의 6대 임금 단종과 방랑 시인 김삿갓, 그리고 후고구려를 세운 궁예가 살았던 곳은 어디일까요? 바로 강원도 영월입니다. 단종은 작은아버지인 수양대군에게 왕위를 빼앗기고 영월로 유배되어 이곳에서 삶을 마감했어요. 김삿갓은 영월에 있는 관풍헌에서 자신의 할아버지를 욕하는 시를 썼다가 뒤늦게 그 일을 알게 되어 삿갓을 쓴 채로 전국을 떠돌게 되지요. 신라 왕족 출신인 궁예는 궁에서 쫓겨나 영월에 있던 세달사에서 어린 시절을 보냈어요. 이렇게 안타까운 역사와 관련된 인물이 많아서 유배의 고장으로 아는 사람이 많지만, 옳은 것을 지키기 위해 노력했던 사람이 많은 충절의 고장이라고 해야 더 어울리는 곳이에요.

 영월군은 강원도 남부에 위치하고 있으며, 충청북도, 경상북도와도 맞닿아 있어요. 행정 구역은 영월읍, 상동읍, 무릉도원면, 주천면,

영월 한반도 지형

한반도면, 북면, 남면, 김삿갓면, 산솔면으로 2개의 읍과 7개의 면으로 나누어져요. 영월군의 인구는 석탄 산업이 호황이던 1960년대에는 12만 명이 넘었지만, 석탄 산업이 내리막길을 걸으면서 2024년 현재는 4만 명이 채 되지 않아요. 영월은 지하자원이 풍부한 곳이에요. 석탄 외에도 전구에 들어가는 필라멘트의 원료가 되는 중석(텅스텐)이 나오는 곳이기도 해요. 중석이 나와서 한때 인구가 2만 명이 넘었던 상동읍도 지금은 인구 1,000명의 작은 마을이 되었지요. 영월에서 지금도 캐고 있는 지하자원이 바로 시멘트예요. 영월은 예전에 바다였던 지역이라 땅 속에 석회석이 묻혀 있어요. 석회석은 바로 시멘트의 원료가 되는 돌이에요. 이렇게 영월은 석탄, 중석, 석회석 등 대한민국 발전에 큰 디딤돌이 되어 준 곳이에요.

　영월은 최근 캠핑과 레포츠의 도시로 떠오르고 있어요. 법흥사 계곡, 김삿갓 계곡 등 경치도 좋고, 깨끗한 곳이 많아서 전국에서 가장 많은 캠핑장을 가진 곳이기도 해요. 깨끗한 환경 덕분에 별마로 천문대가 있는 봉래산 꼭대기에서는 패러글라이딩을 즐길 수도 있어요. 동강, 서강 그리고 두 강이 만나서 흐르는 남한강이 있어서 래프팅, 리버 버깅, 드론 등 도심에서 즐길 수 없는 다양한 레포츠를 경험할 수 있답니다. 또 22개의 작은 박물관이 있어서 가족 여행지로도 제격이지요. 서부시장과 중앙시장에서는 주로 전병, 부침개, 닭강정을 팔고, 영월역 건너편에는 동강에서 잡은 다슬기로 만든 요리를 맛볼 수 있어요. 다슬기 가게들 뒤쪽으로 있는 제방에서는 덕포 오일장이 열려요. 매월 4일, 9일, 14일, 19일, 24일, 29일 서니까 이 날짜에 맞춰서 오면 오일장까지 덤으로 구경할 수 있어요. 자! 과거와 미래, 먹거리와 즐길거리가 가득한 영월에 오지 않을 이유가 없겠죠? 그럼 지금부터 저를 잘 따라오세요!

조선의 명함 부자는 누구일까요

겨우 만 16년을 살다 갔지만 원손, 세손, 세자, 왕, 상왕, 군, 대군, 대왕 이 모든 직함은 가졌던 사람은 누구일까요? 바로 조선의 6대 임금 단종이에요. 단종의 할아버지는 세종대왕이고, 아버지는 세종대왕의 첫째 아들인 문종이었기에 단종은 태어나자마자 자연스레 원손이 되었지요. 이후 책봉을 받아 세손이 되고, 아버지 문종이 왕이 된 이후에는 세자로 책봉돼요. 유교 국가인 조선에서 왕의 자리는 첫째 아들인 적장자가 물려받는 것이 원칙인데 이렇게 3대가 연속 적장자로 내려오는 것은 드물다고 해요. 그러니 단종이야말로 혈통만큼은 조선 왕조에서도 최고라고 할 수 있죠.

문종의 재위 기간은 겨우 2년 2개월에 불과하지만, 세종의 건강이 나빠질 때부터 대신 나랏일을 맡아서 운영했어요. 약 7년 8개월

동안 왕세자 신분으로 대리청정을 하며 나랏일을 직접 처리했기 때문에 세간에 알려진 대로 몸이 약해서 임금이 되어 요절한 것이 아님을 알 수 있어요. 대리청정은 왕이 병에 걸리거나 나이가 들어 정사를 돌볼 수 없을 때 후계자에게 대신 정사를 돌보게 하는 것을 뜻해요. 반대로 임금이 어린 나이로 즉위하였을 때, 왕대비나 대왕대비가 정사를 돕는 것을 수렴청정이라고 하지요. 하지만 단종이 즉위할 당시에는 왕실 어른들의 도움을 받을 수 없는 상황이었어요. 할머니 소헌왕후는 이미 세종대왕 재위 기간에 돌아가셨고, 어머니 현덕왕후는 단종을 낳은 후 사흘만에 돌아가셨기 때문이었지요. 잘 알려진 대로 삼촌인 수양대군은 계유정난을 통해 만 12세였던 조카를 위협하여 왕의 자리를 이어받게 돼요. 단종은 살아 있는 상태에서 왕위를 넘겼기 때문에 자연스레 상왕이 되었어요. 상왕은 죽지 않은 왕이 후계자에게 왕위를 물려주고 올라갈 수 있는 자리예요. 하지만 단종이 상왕이 되었을 때 나이는 고작 만으로 14세밖에

단종 어진

되지 않았어요.

만 15세가 되던 해에 세조를 몰아내고 다시 단종을 왕에 앉히려는 단종 복위 운동이 일어나는데 이 사건이 그 유명한 사육신 사건이에요. 일이 실패로 돌아가면서 단종은 노산군으로 신분이 낮아져 영월 청냉포로 유배를 가게 되지요. 청냉포의 남쪽은 절벽으로 막혀 있고, 동·북·서쪽은 서강이 흐르는 곳으로 그야말로 천연 감옥이었어요. 이곳을 추천한 사람은 영월에서 수령을 지냈던 수양대군의 참모이자 1등 공신이었던 신숙주였어요. 신숙주는 집현전에서 책을 읽다가 잠이 들어 세종대왕이 친히 옷을 벗어 덮어 줬다는 유명한 일화가 있는 신하예요. 하지만 세종대왕의 은혜를 잊고 그 손자인 단종을 배신해서 사람들은 잘 상하는 나물 이름에 숙주라는 이름을 붙여 숙주나물이라고 불렀어요. 노산군으로 신분이 낮아진 단종이 죽은 지 224년이 지난 1681년, 숙종의 특명에 의해 노산대군으로 신분이 다시 높아지게 돼요. 1698년, 단종의 신분이 복위되면서 그때부터 단종 대왕이라 불리게 되었어요. 만 16년이라는 짧은 시간에 이렇게 급격한 신분의 변화가 있었다는 것은 그만큼 파란만장한 삶을 살다 갔다는 이야기겠지요.

아! 그러고 보니 정작 이름을 소개하지 못했네요. 단종의 이름은 이홍위였어요. 조선 시대에는 임금님 이름에 들어간 한자를 백성들이 함부로 쓰지 못하게 했는데 이것을 '피휘'라고 해요. 피휘는 백성의 삶에 불편을 끼치기 때문에 조선의 왕들은 대부분 이름이 한 글자였죠. 조선 시대 왕 중에 이름이 두 글자인 사람은 태조 이성계, 정종 이방과, 태종 이방원처럼 고려 시대 태어난 사람들과 조선 시대 말기 왕실에서 태어나진 않았지만 왕의 자리에 올랐던 고종 이재황을 제외하면 이홍위 한 사람이 유일해요. 자! 그러면 조선 시대 명함 부자 단종을 따라 한번 이동해 볼까요?

단종의 유배지 청령포

단종은 창덕궁에서 유배교서를 받고 1456년 음력 6월 22일 돈화문을 출발해 한강나루에서 남한강을 따라 양주, 광주, 양평, 여주, 원주를 거쳐 닷새 만에 영월 주천에 도착해요. 영월에서 단종이 지나간 길은 단종의 기억과 함께 지명으로 굳어지게 되었어요. 주천에 도착한 단종은 공순원 주막이라는 곳에서 유배길 행차 마지막 밤을 보내게 되는데, 이때 단종이 목을 축인 우물은 임금이 마신 우물이란 뜻의 '어음정'이라 불리게 되죠. 다음 날 아침 일찍 출발한 유배 행렬은 가파른 고개를 넘게 되는데 이곳은 임금이 오른 고개라는 뜻의 '군등치'라 불리고 있어요. 다음 고개에서는 자신을 위해 죽어간 사육신을 떠올리며 궁궐이 있는 서쪽을 향해 큰절을 올리는데 이 고개

청냉포는 왜 이름이 바뀌었을까요?

청냉포는 지금 어떤 이름으로 불릴까요? 이름이 바뀐 이유는 무엇일까요?

청령포의 원래 이름은 청냉포(淸冷浦)였어요. 그런데 1698년 숙종 24년에 단종 대왕으로 복위되고, 1726년 영월부사 윤양래가 '청령포금표'를 세우면서 선왕이 계시던 곳을 차다고 하는 '냉(冷)'자는 합당치 않다 하여 획 하나를 추가해 '령(泠)'자로 고쳐 '청령포(淸泠浦)'라고 부르게 되었어요.

는 해를 보고 절을 한 고개라는 뜻의 '배일치'가 되고요. 현재 연당에서 문곡 삼거리 가는 길에 잠수교를 건너 봉긋 솟은 70m 정도의 작은 봉우리가 하나 보이는데, 단종이 이곳에서 정순왕후를 떠올렸다고 하여 '옥녀봉'이란 이름이 붙게 됩니다. 두 사람은 청계천 영도교에서 생이별을 했는데, 17세의 나이로 단명한 단종에 비해 정순왕후는 82세까지 한 많은 삶을 살다가 남편 곁으로 갔어요.

청령포 앞을 흐르는 강은 남한강 상류의 지류인 서강이에요. 영월읍 둔치에서 동강과 합류하여 남한강이 되지요. 배를 타려면 계단을 따라 내려가야 하는데 강 건너편은 매표소가 있는 쪽과는 달리 동글동글한 돌맹이와 자갈이 흩어져 있고 경사가 완만해요. 이런 차이가 생기는 이유는 하천의 지반이 융기를 받아 침식 작용이 활발해질 때 생기는 감입곡류하천이기 때문이에요. 청령포 쪽은 유속이 느려서 돌이 쌓이게 되고, 반대편은 유속이 빨라 돌멩이가 쌓이지 못하고 떠내려가게 되지요. 물이 맑아서 얕아 보이지만 깊은 곳은 수심이 3m에 이른답니다. 예전에는 줄배가 다니기도 했다는데, 요즘은 동력선으로 바뀌었어요. 참! 한파라서 서강이 얼면 운행하지 못하는 때도 있다고 하니 겨울에는 미리 알아보고 오는 게 좋겠죠?

　배에서 내려 돌멩이 밭을 지나 조금만 걸어가면 멋진 소나무 군락지가 눈에 들어와요. 이곳 소나무는 모두 하나씩 번호표를 달고 있는데, 군에서 관리하고 있어요. 청령포에 도착하면 가장 먼저 찾아가야 할 곳은 단종 어소입니다. 단종 어소는 행랑채와 붙어 있어요. 단종을 따라 온 궁녀와 관노가 생활하던 곳이지요. 단종이 도착할

청령포

단종 어소

당시에는 궁녀가 없었으나, 5일이 지나자 단종을 섬기던 궁녀 중 4명은 정순왕후를 따라가고, 6명은 영월까지 왔다고 해요. 기와로 된 단종 어소는 홍수로 떠내려간 건물을 1996년에 새로 지은 것인데, 건물 안에 단종과 신하의 모형이 당시 모습을 재현하고 있어요.

  아직 갈 길이 머니 마루에 앉아 잠시 풍광을 둘러보는 것도 좋아요. 단종 어소 마당에는 '단묘재본부시유지'라는 글자가 새겨진 단묘유지비가 있어요. 단종이 기거했던 집터가 있었음을 알려 주는 비석이지요. 본래 있던 건물이 소실되자 영조 39년(1763)에 원주관아에서 어소가 있던 위치를 알리기 위해 비를 세운 거예요. 단종 어소를 나오기 전에 해야 할 일이 있어요. 마당에 서서 담장 밖을 한 번 둘

단종 어소

러보세요. 소나무 밖에 보이지 않는다고요? 네! 맞아요. 그런데 소나무들이 조금 이상하지 않나요? 착시현상도 아닌데 모든 소나무들이 마치 단종 어소를 향해 절을 하듯 기울어져 있어요. 그중에서도 유독 눈에 들어오는 특이한 소나무 한 그루가 보일 거예요. 원래 담장 밖에 자랐던 소나무인데 단종 어소에 인사하듯 거의 직각으로 구부러진 엄흥도 소나무예요.

 단종 어소를 나와 다음으로 향할 곳은 관음송이에요. 관음송은 키가 무려 30m쯤 되는 수령 600년이나 된 나무인데, 우리나라에서 가장 키가 큰 소나무예요. 크게 두 줄기로 갈라져 있고 단종이 이곳에 올라가 오열했던 모습을 보고 들은 소나무라고 해서 '볼 관(觀)',

엄흥도 소나무

'소리 음(音)'자를 써서 관음송이라는 이름이 붙게 된 거예요!

　관음송을 지나면 계단이 나와요. 아주 높진 않지만 경사가 가파르기 때문에 중간에 있는 망향탑에서 쉬어 가면 좋아요. 망향탑은 단종이 궁궐을 그리워하며 한양이 있던 서쪽을 향해 쌓은 돌탑이에요. 청령포의 남쪽은 가파른 절벽으로 되어 있어서 계단 없이 오르긴 더욱 어려웠을 거에요. 전망대까지 올라가면 더 이상 갈 수 없는 좁은 바위 능선이 보여요. 안전 펜스가 있는 지금도 다리가 후들거리는데 단종이 올랐던 길은 더 가파르고 미끄러웠겠죠? 다시 계단 아래로 내려가다가 망향탑을 지나 관음송으로 내려가지 않고 좌측으로 난 길을 따라가면 바위가 있어서 올라설 수 있는 노산대가 나와요. 단종이 노산군으로 신분이 내려갔다는 건 앞에서 이야기했죠? 단종이 자주 오른 곳이라 노산대라는 이름으로 불려요.

　이제 다시 강가로 돌아가는 길에 이끼가 잔뜩 낀 비석 하나가 보일 거예요. 이 비석은 단종이 승하한 지 270년 뒤에 영조 때 세워진 비석이에요. 앞면에 '청령포금표'라고 쓰여 있어서 금표비라고 부르지요. 뒷면에는 동서로 300척, 남북으로 490척은 왕이 계시던 곳이므로 뭇사람은 농사를 짓거나 나무를 베지 말라고 적힌 비석이에요. 금표비 근처에 화장실이 있어요. 화장실까지 들렀다면 다시 강가로 가서 배를 타야 해요. 배가 건너편에 있어도 기다리는 게 지루하다

관음송

면 물수제비를 떠 보는 건 어때요? 단종도 무료한 시간에 강가로 나와 물수제비를 뜨지 않았을까요? 배를 타기 전 강 건너 좌측으로 시조비 하나가 서 있는 것을 볼 수 있을 거예요. 이 시조비는 세조의 명을 받고 단종에게 사약을 내리러 왔던 금부도사 왕방연을 기리기 위한 기념비예요. 단종에게 사약을 내리러 왔던 사람에게 기념비라니 이상하지요? 그 이유는 왕방연이 단종에게 사약을 전하고 지은 시를 보면 알 수 있어요.

　　천만리 머나먼 길에 고운 님 여의옵고
　　이 마음 둘 데 없어 냇가에 앉았으니
　　저 물도 내 안 같아야 울어 밤길 예놋다.

　　이 시조를 해석하면 다음과 같아요.

　　천만리 머나먼 길에 고운 님을 잃고
　　이 마음 둘 데 없어 냇가에 앉았으니
　　저 물도 내 마음 같아서 울며 밤길을 가는구나.

금부도사 왕방연은 단종이 귀양갈 때 호송을 맡기도 했고, 사약을 전하기도 했던 신하였어요. 하지만 얼마 전까지 임금이었던 단종에게 직접 사약을 전하는 마음이 편했을 리 없지요.

물론 여기에서 다음 장소로 가도 되지만 시간이 여유롭다면 다리 건너 영월관광센터에 가 보세요. 1층에는 푸드코트와 매점이 있고, 2층에는 꽃차 체험 공간과 미술품 전시관, 그리고 미디어 전시관이 있어요. 3층에는 스페인에서 온 아저씨가 주인으로 있는 카페와 전망대가 있어요. 미디어 전시관에 누워서 30분 정도 편하게 관람한 후, 2층에서 꽃차 체험을 하거나 3층으로 올라가서 식사를 하면 좋아요. 3층에 재미있는 공간이 더 있어요. 아트라운지에서는 연극, 뮤지컬, 마술쇼 등의 공연이 열리기도 하니 미리 알아보고 오세요! 또

영월관광센터

카페 옆 영히어로 스포츠 체험관에서는 스크린 스포츠 체험을 할 수 있으니 몸이 근질근질한 사람들은 여기에서 몸 좀 풀고 가면 좋겠죠?

방랑 시인 김삿갓을 만나러 가요

영월을 단종과 김삿갓의 도시라고 했지요? 단종은 조선 초기의 임금이고, 김삿갓은 조선 후기의 방랑 시인인데 어떻게 둘이 만날 수 있다는 것일까요? 실제로 만났다는 것은 아니고, 둘에게 공통점이 있다는 것을 그렇게 표현한 거예요. 전혀 공통점이 없을 것 같은 두 사람이 가진 공통점은 영월 읍내에 있는 관풍헌이라는 한 건물을 거쳐 갔다는 점이에요.

단종이 청령포에서 죽은 것으로 아는 사람이 많은데, 단종이 죽은 곳은 읍내에 있는 관풍헌이에요. 관풍헌은 조선 시대의 관아로, 원님이 일을 처리하던 동헌 또는 다른 곳에서 온 신하들의 숙소였던 객사로 쓰이던 건물이에요. 청령포는 홍수가 나서 단종이 오래 머물 수 없었기에 겨우 두 달 만에 읍내에 있는 관풍헌으로 거처를 옮겼는데 세종대왕의 여섯째 아들인 금성대군에 의해 2차 단종 복위 운동이 일어나자 해를 넘기지 못하고 1457년 10월 24일 이곳에서 죽음을 맞이해요. 세조에게 사약을 받고 죽었다는 기록도 있지만, 노비가 활줄로 목을 졸라 살해했다거나, 단종이 방 안에 들어가서 활줄을 걸고 방 밖에 있는 노비에게 당기라고 해서 죽음을 맞이했다고 하는 이야기도 있어요. 《세조실록》에는 단종이 자살했다고 되어 있는데, 조카를 죽인 비정한 왕이라는 수식어가 붙는 건 세조도 두려웠던 것 아닐까요? 어느 것이 진실이든 단종이 삼촌인 세조에게 죽임을 당한 것만은 부인할 수 없는 사실이죠.

김삿갓의 본명은 김병연이에요. 김병연의 할아버지 김익순은 평안북도 선천부사를 지냈어요. 1811년 지역 차별과 조정의 부패에 항거하여 홍경래의 난이 일어났어요. 이때 김익순은 반란군에 항복하여 목숨을 구할 수 있었지만, 다음 해 임금의 명으로 처형을 당하고, 손자였던 김병연은 어머니와 함께 영월 깊은 산골로 숨어들어요. 글재

관풍헌

주가 뛰어났던 김병연은 영월 지역에서 치러지는 시험인 향시에 응시하여 김익순을 욕하는 글을 써서 장원급제를 하지만, 어머니께 김익순이 자신의 할아버지라는 이야기를 듣고 조상님 얼굴을 뵐 면목이 없다며 그길로 삿갓을 쓰고 집을 나와 방랑 생활을 시작해요. 그런데 김병연이 향시를 봐서 장원급제를 했던 장소가 바로 관풍헌이에요. 시대는 다르지만 우리나라 역사에서 잘 알려진 두 사람이 이렇게 한 공간에 서로 다른 이야기를 가지고 있다니 흥미롭지 않나요?

관풍헌은 단종의 수호 사찰인 보덕사에서 관리하고 있어요. 그래서 관광지처럼 아무 때나 들어갈 수 있는 것은 아니지만, 행사가 있을 때나 보덕사에 연락하면 들어가 볼 수 있어요. 담장이 1m도 안 되기 때문에 밖에서도 충분히 볼 수 있지만 딱 한 가지 볼 수 없는 것이 있지요. 관풍헌 앞으로 2층 누각이 하나 있는데 밖에서 보면 '자규루'라는 현판을 볼 수 있고, 안에서 보면 '매죽루'라는 현판을 볼 수 있어요. 즉, 밖에서는 '매죽루'라고 쓰인 현판을 볼 수 없다는 말이지요. 같은 누각인데 왜 이렇게 다른 이름 두 개가 붙은 걸까요? 자규루의 원래 이름은 '매죽루'였어요. 그런데 단종이 관풍헌으로 거처를 옮기면서 매죽루에 올라 '자규시'를 지으면서 누각 이름도 '자규루'라고 부르게 되었어요. 자규의 뜻을 알고 싶다면 단종이 누각에 올라 지었다는 자규시를 한 번 살펴봐야겠죠?

원통한 새가 되어 궁궐을 나와

외로운 몸과 그림자 푸른 산중에 있네

밤이 가고 와도 잠 이루지 못하고

해가 가고 와도 한은 끝이 없네

두견새 소리 끊기고 새벽 달빛은 흰데

피눈물 지는 골짜기에 지는 꽃이 붉네

하늘도 애달픈 하소연 듣지 못하고

어찌 시름 젖은 내 귀에만 들리는가

자규루

자규는 구슬프게 우는 두견새를 뜻하는 말이에요. 삼촌에게 왕의 자리를 빼앗기고, 아내인 정순왕후와도 헤어져 먼 영월까지 와서 언제 죽을지 모르는 자신의 처지를 두견새의 울음소리에 빗대어 표현한 시가 바로 '자규시'랍니다.

영월 단풍은 단종이 죽음을 맞이한 10월 말이 절정이에요. 그래서 청령포, 장릉도 붉은 옷으로 갈아입죠. 관풍헌에는 커다란 은행나무들이 있어서 노란 융단이 깔려요. 단종은 겨우 만 16세의 나이로 죽음을 맞이해요. 너무 어린 왕이 불쌍해서였을까요? 영월군민들은 60년 가까이 단종의 넋을 위로하는 단종제를 지내고 있어요. 자! 그럼 이제 국장 행렬을 따라 장릉으로 가 볼까요?

한양에서 제일 먼 왕릉이에요

조선의 왕릉은 한양에서 100리(40km) 내에 위치하게 되어 있어요. 하지만 단종은 유배를 와서 죽임을 당했기 때문에 어쩔 수 없이 한양에서 100리를 벗어난 영월에 묻힌 것이지요. 관풍헌에서 죽은 단종의 시신은 세조의 명으로 인해 강에 버려지는데요. 단종의 시신을 수습하면 삼족을 멸하겠다고 어명을 내려요. 삼족은 위로 할아버지, 큰아버지, 작은아버지 등 조족과 옆으로 형제와 그 소생인 조카 등을 포함한 부족 그리고 아래로 아들과 손자 등을 의미하는 가족을 합쳐서 부르는 말이에요. 즉, 가문을 없애 버린다는 뜻으로 반역죄를 저질렀을 때나 볼 수 있는 강력한 형벌이에요. 그럼에도 불구하고 영월의 호장 엄흥도가 밤에 몰래 시신을 거두어 현재 장릉이 있는 동을지산으로 향해요. 당시 엄흥도에게는 나이 드신 어머님이 계셔서 미리 준비했던 수의가 있었다고 해요. 단종에게 그 수의를 입히고 가문의 선산인 동을지산에 몰래 묻었어요. 호장이라고 하면 지방 공무원 정도로 생각하는 사람이 있는데 이건 잘못 알고 있는 거예요. 호장은 중앙에서 파견한 관리를 보좌하는 역할을 했는데, 관리는 바뀌어도 호장은 바뀌지 않았기 때문에 지금의 군의회 의장에 해당하는 관직이었어요. 그런 호장이 가문이 멸망할 것도 두려워하지 않고 단종의 시신을 거두었기 때문에 나중에 충의공이라는 시호(죽은 뒤 국가에서 내려주는 특별한 이름)가 내려져요.

왕릉 주변에 노루가 있다?!

장릉 주변을 살펴보면 유독 노루와 관련된 조형물이나 그림이 많아요. 산지촌이라 노루가 많아서 그렇기도 하지만 또 다른 이유가 있어요. 엄흥도가 단종의 시신이 든 관을 메고 동을지산에 도착했을 때는 초겨울이었어요. 눈이 내리고 땅이 얼어서 시신 묻을 곳을 찾지 못하던 중에 엄흥도의 눈에 노루 한 마리가 들어와요. 인기척을 느낀 노루가 달아나자 노루가 앉았던 자리만 눈이 녹아서 땅의 모습이 드러났다고 해요. 그래서 엄흥도가 그곳을 파서 단종의 시신을 묻었다는 이야기가 전해지고 있어요. 장릉 근처에 노루 조각 공원이 있는데, 영월 주민들이 자주 산책하는 작고 아름다운 호수예요. 그런데 이 호수는 평범한 호수가 아니라 단종의 혼과 기가 흩어지지 않도록 모아 주는 경액지(景液池)였어요. 노루 조각 공원에는 도깨비 동상도 있는데, 단종의 묘를 도깨비가 지켜 주었다는 마당놀이 '능말도깨비놀이' 때문에 여기에 동상이 있게 된 거예요. '능말'은 '능마을'의 줄임말이에요. 그러니까 능말도깨비놀이는 능이 있는 마을의 도깨비 놀이라는 뜻이지요.

노루 조각 공원

단종이 다시 왕이 되었어요

복권은 왕의 권위가 회복되었다는 것을 말해요! 반역죄로 몰려 삼촌에게 죽임을 당했던 어린 왕이 어떻게 복권될 수 있었을까요? 그 이야기를 위해서는 다시 단종이 묻힌 곳인 장릉으로 가야 해요. 장릉 정문에서는 유네스코 세계문화유산 표시를 볼 수 있어요. 2009년 장릉을 포함한 조선 왕릉 40기가 세계문화유산으로 등재되었기 때문이죠. 아울러 사적 196호라고 적힌 표지판도 볼 수 있어요. 사적은 역사적으로 중요한 사건이나 시설의 자취를 의미하거나, 국가가 법적으로 지정한 문화재를 말해요.

정문을 지나면 제일 우측으로 낮은 언덕 위 배견정이라는 정자가 하나 보여요. 단종이 죽임을 당하자 시녀들이 동강 절벽에서 투신하여 삶을 마감했는데, 이곳을 낙화암이라고 해요. 낙화암에 가고 싶으면 금강정을 찾아가면 됩니다. 금강정 앞쪽이 바로 낙화암이거든요. 이 시녀들의 넋이 두견새가 되어 단종이 잠들어 계신 능을 향해 울며 절하던 곳이 바로 배견정이에요.

배견정 바로 옆에 작은 건물이 하나 보이는데, 이 건물은 박충원 낙촌비각이에요. 낙촌은 박충원이라는 사람의 호였어요. 그러니까 낙촌비각은 박충원의 비석이 있는 건물이라는 뜻이지요. 그런데 박충원이 도대체 누구인지 모르겠다고요? 단종이 죽은 후, 영월로 부임

하는 영월군수들이 연이어 이유 없이 죽는 일이 발생해요. 그러던 중 박충원이라는 사람이 영월군수로 오게 되었는데, 제문을 지어 단종의 넋을 위로한 뒤로 그런 일이 일어나지 않았다고 해요. 이 비석에는 영월군수 박충원이 노산묘를 찾은 일에 대한 사연이 적혀 있어요.

낙촌비각 바로 옆에 계단 하나가 있는데 자주 오는 사람이라면 이 계단을 통해 왕릉으로 바로 가도 되지만, 처음 온 사람이라면 일단 다른 곳을 둘러보고 왕릉으로 가는 걸 추천해요. 계단을 지나 처음 나오는 건물은 단종역사관이에요. 단종역사관은 단종의 시대, 단종의 승하, 단종의 복권을 주제로 나누어 전시하고 있어요. 단종의 어진까지 볼 수 있으니, 혹시 단종에 대해 알지 못하고 왔다면 여기 있는 내용을 충분히 보고 시작하면 좋겠죠?

단종역사관 옆에 큰 건물은 재실이에요. 왕릉 옆에 제사를 지내기 위해 지은 집이지요. 재실 옆에 또 작은 건물이 한 채 보여요. 이건 엄흥도정려각이에요. 엄흥도는 단종의 시신을 수습한 사람이라는 건 기억하죠? 엄흥도정려각은 영조 때 어명으로 세워진 비각이에요. 정려각을 지나 안쪽으로 깊숙이 들어가면 장판옥이라는 건물이 나와요. 이 건물은 정조 때 지어진 건물로 충신위 32인, 조사위 186인, 환자군노 44인, 여인위 6인 합하여 268인의 위패를 모셔 놓은 곳이에요. 단종을 위해 목숨을 바쳤던 사육신을 비롯하여 궁녀와 관노 그리고 무녀까지 이름을 올리도록 배려한 곳이지요. 그것뿐만이 아니에요. 장판옥 건너편에는 배식단이 있는데 이 배식단은 3단으로 되어 있어요. 각 계층에 있던 사람들의 제사를 지내기 위한 제단이지요. 신분제가 엄격했던 조선 시대의 왕릉 어디에서도 볼 수 없는 인간미 넘치는 모습을 오직 장릉에서만 볼 수 있답니다.

 장릉 제일 안쪽에 위치한 건물은 정자각이에요. 장판옥에서 걸어서 바로 가도 되지만, 이왕 여기까지 왔으니 왕이 걸었던 길로 한 번 걸어 보는 걸 추천해요. 홍살문을 지나면 왕도와 신도라는 길이 보여요. 신도는 신하의 길이 아니라 신의 길을 뜻해요. 즉, 관광객들도 신도가 아니라 왕도로 다녀야 한다는 뜻이지요. 보통 왕릉은 신도와 왕도가 일자로 쭉 뻗어 있어요. 하지만 장릉은 단종의 시신을 임시로 묻은 가묘이기 때문에 일직선으로 뻗을 수 있는 길이 마땅치 않아 어쩔 수 없이 중간에 한 번 꺾여져 있어요. 이것도 다른 왕릉에서는 볼 수 없는 특이한 모습이지요. 왕도를 따라가다 보면 정자각이 나와요. 건물을 위에서 보면 '丁'자 모양으로 보이기 때문에 붙은 이름이에요. 정자각에서도 다른 왕릉에서는 볼 수 없는 특이한 장면이 있어요. 보통 정자각은 봉분 아래 위치에서 정자각을 통해 왕릉을 볼 수 있어요. 하지만 단종은 산에 묻혔기 때문에 정자각 뒤로 뻥 뚫린 왕릉뷰 대신 가파른 언덕만 벽처럼 보일 뿐이에요.

장릉 정자각

정자각 근처에 작은 건물 두 채가 보이는데 한 채는 노산묘를 장릉으로 칭호를 바꾸면서 세운 비석이 있는 단종비각이고, 다른 한 채는 능과 경내를 관리하는 능지기가 기거하던 수복실이에요. 보통 여기까지 보고 그냥 나가는 경우가 있는데 수복실에서 왕도와 신도 건너편에 영천이라는 작은 우물이 있어요. 신기하게도 제사를 지내는 한식 때가 되면 물이 많이 솟았다고 하는데, 아마도 그 비밀은 장릉 옆에 있는 석회암 지대 내륙 습지인 물무리골이 있기 때문이 아닐까요?

평지를 다 둘러보았다면 아까 들렀던 장판옥 옆으로 난 계단을 올라가세요. 아까 정문에서 올라오던 계단과 중간에서 만나는데, 이곳에 정령송이라는 소나무 한 그루가 서 있어요. 정령송은 영혼이 만나는 소나무라는 뜻인데, 단종의 아내였던 정순왕후가 묻힌 사릉에서 가져온 소나무예요.

나무에서 멀지 않은 곳에 단종릉이 보여요. 엄흥도가 단종의 시신을 수습해서 묻을 때는 이곳이 단종의 묘라는 것을 아무도 모르게 묻은 정도였지요. 세조 이후의 왕들은 세조의 후손이기 때문에

장릉

쉽게 복권에 대한 이야기를 꺼내지 못했어요. 그러다가 중종반정 이후 연산군을 몰아내고 지방에서 성리학을 연구하고 가르치던 사림의 세력이 커지면서 단종의 복권 여론이 형성돼요. 시간이 흘러 단종이 죽은 지 224년 만인 숙종 때 노산대군으로 호칭이 변경되고, 그로부터 17년 뒤 복위되어 단종이라는 묘호를 갖게 돼요. 묘호는 임금이 죽은 뒤 생전의 공덕을 기리어 붙이는 이름이에요. 왕으로 다시 인정이 되었다는 뜻이죠! 숙종에 이어 영조, 정조 때에도 장릉은 물론 영월 관내 곳곳에 단종과 관련된 비석과 건물이 세워져요.

단종의 묘에는 특이하게도 무인석이 없어요. 왕릉은 원래 무덤 양 옆으로 문인석과 무인석을 세우는데 칼 든 자에게 왕위를 빼앗겨서 그렇다는 설도 있지만, 당시 건축 양식이 그랬다는 이야기도 있어요.

이제 길을 따라 곧장 내려가면 다시 출입문이 나와요. 혹 시간이 남았다면 박물관을 찾아가 보는 것도 좋아요. 영월에는 무려 22개의 박물관이 운영 중이거든요. 해 지는 시간이 1시간 정도 남았다면 별마로천문대에 올라가 보는 것을 추천해요. 일몰과 함께 패러글라이딩하는 사람들을 보고 있으면 별천지가 따로 없다니까요! 그리고 마지막으로 서부시장이나 중앙시장에 들러 전병, 닭강정, 다슬기, 포도 등 영월을 대표하는 음식이나 특산물을 맛보고 가는 것 잊지 마세요.

참고 문헌 및 자료

충남 공주 편
《나의문화유산답사기 3》, 유홍준, 창비
《백제의 숨결, 무령왕릉, 세상을 잘 알게 도와주는 기행문》, 심상우, 어린른이
《공주의 충청감영 관련 역사문화자원과 활용방안》, 장길수, 충청학과 충청문화
〈백제왕도 공주〉, 〈호서의 중심 충청감영 공주〉, 〈근대도시 공주의 탄생〉 충청남도역사문화연구원
문화재청 국가문화유산포털 홈페이지(www.heritage.go.kr)
공주시 홈페이지(www.gongju.go.kr)

경북 영주 편
'세계유산 영주 부석사', 류혜숙, 영주시 영남일보, 2019.
영주시 문화관광 '영주 여행' (www.yeongju.go.kr/open_content/tour/page.do)

경북 안동 편
한국민족문화대백과사전 홈페이지
• 이황(encykorea.aks.ac.kr/Article/E0046626)
• 사림(encykorea.aks.ac.kr/Article/E0025557)
안동시청 홈페이지(www.andong.go.kr)
국립국악원 홈페이지(www.gugak.go.kr)

사진 출처

셔터스톡(www.shutterstock.com)
10, 12, 21, 22, 32, 34, 53, 82, 94~95, 101,
132~133, 135, 162, 168~169, 175, 177, 181, 192

공공누리(www.kogl.or.kr)
34, 36, 40~41, 42, 44, 48, 51, 52, 62, 66, 80, 130,
152, 183, 195, 199, 200, 201, 202, 204, 210, 218

공공누리(www.cha.go.kr 문화재청)
98

공공누리(royal.cha.go.kr 궁능유적본부)
72, 73, 75, 78~79

경북나드리(tour.gb.go.kr)
92(사진제공 이석원), 114(사진제공 이윤희),
139(사진제공 남진우), 140(사진제공 엄태영),
148(사진제공 김은정), 160(사진제공 박준우)